Frauke Meinders-Lücking/
Susanne Loy

Wie schulfähig ist mein Kind?

HERDER spektrum

Band 5721

Das Buch

»Ist mein Kind bereit für die Schule?«; »Wann ist die beste Zeit für den Schulstart?« Diese Fragen sind für Eltern im letzten Kindergartenjahr ihres Kindes besonders wichtig.

Kinder müssen bei der Einschulung noch keine fertigen Schulkinder sein; vielmehr sollten sie Fähigkeiten besitzen, die es ihnen ermöglichen, von der Schule zu profitieren und sich dort wohl zu fühlen. Die Schulfähigkeit umfasst sozial-emotionale Fähigkeiten wie auch das Wahrnehmungsvermögen, die Bewegungsentwicklung und geistige Fähigkeiten. Worum es dabei genau geht, erklärt das vorliegende Buch.

Alles, was Eltern zum Thema »Schulfähigkeit« wissen müssen. Mit Praxistests und Kontaktadressen.

Die Autorinnen

Frauke Meinders-Lücking, Dr. phil., und Susanne Loy sind an der Schulpsychologischen Beratungsstelle des Landkreises Breisgau-Hochschwarzwald tätig.

Frauke Meinders-Lücking/
Susanne Loy

Wie schulfähig ist mein Kind?

Mit Praxistest

FREIBURG · BASEL · WIEN

Fotos im Innenteil: Frauke Meinders-Lücking, Susanne Loy
Strichzeichnungen: Heike Friedel
Konzept und Redaktion: Lektorat Hille & Schäfer, Freiburg

Gedruckt auf umweltfreundlichem,
chlorfrei gebleichtem Papier

Originalausgabe

Alle Rechte vorbehalten – Printed in Germany
© Verlag Herder Freiburg im Breisgau 2006
www.herder.de
Herstellung: fgb · freiburger graphische betriebe 2006
www.fgb.de
Umschlaggestaltung und Konzeption: R·M·E München /
Roland Eschlbeck, Liana Tuchel
Umschlagmotiv: A. J. Schmidt
ISBN-13: 978-3-451-05721-2
ISBN-10: 3-451-05721-2

Liebe Leserin, lieber Leser,

im vorliegenden Buch werden Sie immer wieder auf die beiden folgenden Symbole stoßen:

Die Glühbirne findet sich immer dort, wo die wichtigsten Gedanken eines Kapitels noch einmal in Kürze zusammengefasst werden.

Wo die beiden folgenden Symbole stehen, finden Sie praktische Übungen, Spiele und Ideen, die Sie gemeinsam mit Ihrem Kind – oder auch mit mehreren Kindern – ausprobieren können.

INHALT

Liebe Eltern 8

1. Kapitel
Ist Ihr Kind bereit für die Schule? 9

2. Kapitel
Was wird von den Schulanfängern erwartet? . . 19

3. Kapitel
Schulfähigkeit – was Sie wissen sollten 37

4. Kapitel
Schulfähigkeit fördern
Praktische Ideen und Spiele 47

5. Kapitel
Der erste Schultag 83

Anhang 92

LIEBE ELTERN ...

Ihr Kind kommt nun bald ins Schulalter, und Sie fragen sich, ob es für den Schulstart gut gerüstet ist. In der Regel wünschen sich Eltern, dass ihr Kind sich in der Schule wohl fühlt, mit Lehrern und Klassenkameraden gut zurecht kommt und rasch neue Freunde findet. Wahrscheinlich denken Sie darüber nach, wie gut Ihr Kind die schulischen Anforderungen meistern wird. Viele Eltern möchten auch wissen, wie sie ihre Tochter oder ihren Sohn beim Schulstart unterstützen können.
Wir möchten Ihnen mit dem Band »Wie schulfähig ist mein Kind?« helfen, auf diese Fragen eine Antwort zu finden. Mit konkreten Beispielen aus dem Alltag geben wir Ihnen einen Überblick über die wichtigsten Voraussetzungen für einen gelungenen Schulstart und zeigen Ihnen Möglichkeiten auf, wie Sie Ihr Kind spielerisch fördern können. Unsere Vorschläge sollen Ihnen und Ihrem Kind vor allem Spaß machen und die Vorfreude auf die Schule wecken.

Viel Spaß beim Lesen,
Frauke Meinders-Lücking,
Susanne Loy

1. KAPITEL

Ist Ihr Kind bereit für die Schule?

Kinder sind kleine Meister im Lernen. Schon vor der Schule haben sie sich viele Fähigkeiten angeeignet, die Eltern oft in Erstaunen und Bewunderung versetzen und die auch für die Schule hilfreich sind.

1. KAPITEL

Lukas ist im Kindergarten eher schüchtern. Er ist zufrieden, wenn er alleine mit den Legosteinen bauen kann und sucht wenig Kontakt zu anderen Kindern. Die anderen mögen ihn jedoch und binden ihn ab und zu in ihr Spiel ein. Lukas hat ein gut entwickeltes Einfühlungsvermögen und merkt meistens schon vorher, wenn sich ein Streit anbahnt; Konflikten geht er aber lieber aus dem Weg. Dabei kommt er selbst oft zu kurz. Lukas ist gerne zu Hause, und nach den Kindergartenferien möchte er manchmal lieber daheim bleiben.

Für den Start in die Schule ist es wichtig, dass ein Kind Kontakte mit anderen Kindern knüpfen kann und eine ausreichende emotionale Stabilität mitbringt. Lukas ist auf der einen Seite noch sehr zurückhaltend. Andererseits ist er feinfühlig und wird von den anderen Kindern gemocht. Für ihn wäre es schön, wenn er noch mehr auf andere Kinder zugehen könnte und sich ihnen gegenüber häufiger mit eigenen Wünschen und Bedürfnissen durchsetzen würde. Lukas ist noch nicht so selbstbewusst und selbstsicher wie andere Kinder. Wenn er dies noch lernt, fällt es ihm sicher leichter, sich von zu Hause zu trennen und neugierig und offen auf neue Situationen zuzugehen.

Sarah hat eine ältere Schwester, die schon in die Schule geht. Sarah findet das sehr spannend, weil sie nachmittags bei den Hausaufgaben »helfen« darf. Manchmal wirft sie einen neugierigen Blick in die Hefte ihrer Schwester – auch wenn sie eigentlich nicht stören soll. Sie kann auch schon ihren Namen schreiben, und Buchstaben findet sie richtig toll.

Sarah kann bereits ein wenig zählen, und wenn sie mit der ganzen Familie »Mensch ärgere dich nicht« spielt, dann klappt das mit dem Augenzählen beim Würfeln schon ganz gut. Manchmal hilft sie ihrer Schwester heimlich beim Malen für die Hausaufgaben. Ihre Schwester sagt ihr dann, mit welcher Farbe sie etwas ausmalen darf, und Sarah strengt sich ganz besonders an. Das ist fast so, als ob sie auch ein bisschen in die Schule geht. Nur Mama und Papa wissen nichts davon. Oder vielleicht doch?

Sarah besitzt eine der wichtigsten Voraussetzungen für die Schule: Sie zeigt eine große Neugierde auf alles, was mit der Schule zusammenhängt. Sie interessiert sich für Buchstaben, will den eigenen Namen schreiben und am liebsten auch noch die Hausaufgaben der großen Schwester machen. Das Zählen übt sie fleißig beim gemeinsamen Spielen, und mit Mengen kennt sie sich auch schon ein wenig aus. Sarah ist für den Schulbeginn sehr motiviert und wird neugierig und wissbegierig in die erste Klasse starten.

1. KAPITEL

Neben sozialen und kognitiven Fähigkeiten ist es wichtig, dass Kinder sich spielerisch bewegen und damit das Körpergefühl trainieren und die Fähigkeit, sich koordiniert und flüssig zu bewegen. Für den Start in die Schule ist es wichtig, den ganzen Körper aufeinander abgestimmt bewegen zu können (Grobmotorik) und eine ausreichende Hand- und Fingergeschicklichkeit zu besitzen (Feinmotorik).

PRAXISTEST ZUR SCHULFÄHIGKEIT
**Bewegen und Wahrnehmen –
körperliche Voraussetzungen**

- Bewegt sich Ihr Kind auf dem Spielplatz geschickt, sicher und ohne Angst?
- Kann es über Baumstämme balancieren, ohne ständig herunterzurutschen oder sich festhalten zu müssen?
- Schafft es Ihr Kind, Bewegungen oder Körperhaltungen nachzuahmen (z. B. Schleichen wie ein Indianer)?
- Ist es in der Lage, einen Ball gezielt zu werfen und auch schon zu fangen?
- Bewegt sich Ihr Kind gerne und viel?

- Kann es Stifte richtig greifen (mit Daumen und Zeigefinger) und damit ohne zu großen Druck malen oder »schreiben«?
- Malt Ihr Kind Figuren aus und hält dabei die Umrisse ein?
- Kann es Knöpfe und Reißverschlüsse ohne Hilfe öffnen und schließen?
- Gelingt es Ihrem Kind, einfache Figuren auszuschneiden?
- Nimmt es Schmerzreize adäquat wahr?
- Kann Ihr Kind einzelne Formen auf Suchbildern finden?
- Lokalisiert es z. B. beim »Topfschlagen« die Geräuschquelle richtig?

Denken und Sprache – kognitive Voraussetzungen

- Kann Ihr Kind kleine Geschichten verstehen und einfach, aber richtig wiedergeben?
- Versteht und erkennt es einfache Ursache-Wirkungs-Zusammenhänge?
- Kann Ihr Kind die Grundfarben und einfache Formen erkennen und benennen?

1. KAPITEL

- Interessiert es sich für Zahlen und Buchstaben? Will es seinen Namen schreiben?
- Kann Ihr Kind schon zählen und kleine Mengen erfassen (z. B. beim Würfeln)?
- Merkt es sich die Namen anderer Kinder und kann es Reime oder Lieder behalten?
- Spricht Ihr Kind klar und deutlich?
- Kann es in ganzen Sätzen flüssig sprechen und Begebenheiten verständlich darstellen?
- Geht es beim Basteln, Bauen oder Malen zielstrebig vor und kann es sich Anweisungen merken?
- Besitzt Ihr Kind Durchhaltevermögen, auch wenn etwas nicht auf Anhieb klappt?
- Kann es sich mindestens 10 bis 15 Minuten mit einer Sache beschäftigen und sie zu Ende bringen?
- Schafft es Ihr Kind, einen Auftrag sorgfältig und ordentlich zu erledigen?

Gefühl und Miteinander

- Hat Ihr Kind Vertrauen in sich und seine Fähigkeiten?
- Kann es seine Gefühle angemessen zeigen?

- Hat es Ihr Kind schon ab und zu geschafft, seine Ängstlichkeit zu überwinden?
- Kann es auch einmal abwarten?
- Kann es sich von Ihnen trennen und eine Zeitlang ohne vertraute Personen auskommen?
- Kann sich Ihr Kind selbst behaupten?
- Freut sich Ihr Kind auf die Schule?
- Kann es gut mit anderen spielen, auf andere eingehen und sich adäquat durchsetzen?
- Kennt Ihr Kind Regeln im Umgang mit anderen und hält es diese ein?
- Kann es selbstständig Kontakt zu anderen Kindern aufnehmen?
- Löst Ihr Kind Konflikte mit anderen oder kann es sich auf Lösungen einlassen?

AUSWERTUNG

Wenn Sie sich ein wenig Zeit genommen und die Fähigkeiten Ihres Kindes anhand des Praxistests eingeschätzt haben, ist es sehr wahrscheinlich, dass Sie auf manche Fragen auch mit »Nein« geantwortet haben. Bei kaum einem Kind wird es möglich sein, durchgängig mit »Ja« zu antworten. Einige »Nein«-

1. KAPITEL

Antworten entsprechen durchaus dem Durchschnitt und sollten Sie nicht beunruhigen.

Der Praxistest soll Ihnen Hinweise darüber geben, in welchen Bereichen Ihr Kind von bestimmten Übungen profitieren könnte, denn Schulfähigkeit lässt sich spielerisch fördern. In Kapitel 4 finden Sie viele Anregungen und Fördermöglichkeiten zu den einzelnen Bereichen, aus denen Sie auswählen können.

Außerdem lohnt es sich, mit dem Praxistest auf die vielen Fähigkeiten zu schauen, die sich Ihr Kind in nur etwa sechs Lebensjahren bereits angeeignet hat. Ihr Kind wird Spaß am Entdecken und Lernen haben, wenn Sie es in seiner Entwicklung begleiten und sich mit ihm über neu eroberte Fertigkeiten freuen. Ein Kind, das bereits vieles kann, hat sehr gute Chancen, sich auch in anderen Bereichen gut weiterzuentwickeln.

Sollten Sie bei vielen Fragen mit »Nein« geantwortet und Bedenken bezüglich der Einschulung haben, kann es sinnvoll sein, neben der Förderung Ihres Kindes auch den Kontakt mit dem Kindergarten zu suchen. Der Praxistest kann Ihnen als Hilfe für ein solches Gespräch dienen. Im Allgemeinen können die Erzieherinnen sehr gute Einschätzungen zu den Bereichen geben, bei denen Sie sich vielleicht Sorgen machen. Bleiben Bedenken bestehen, scheuen Sie sich nicht, Fachleute (Pädagogen und Psychologen) um Rat zu fragen.

Fazit: Kinder haben bis zum Schulbeginn schon vieles gelernt, ohne dass man sie bewusst dazu angeleitet oder eine besondere Lernsituation geschaffen hätte. Spielerisches und lustvolles Lernen ist für Kinder die wichtigste Möglichkeit, sich die Fähigkeiten anzueignen, die später in der Schule wichtig sind. Kinder brauchen Zeit, um sich zu entwickeln. Die Aufgabe der Eltern ist es, ihr Kind dabei zu unterstützen und sowohl Über- als auch Unterforderung zu verhindern.

2. KAPITEL

Was wird von den Schulanfängern erwartet?

Schule ist eine spannende Angelegenheit, denn viele neue Dinge kommen auf Sie und Ihr Kind zu. Einige Fähigkeiten können Kindern den Schulstart erleichtern.

2. KAPITEL

Falls Sie sich fragen, ob Ihr Kind mit den Anforderungen in der Schule zurechtkommen wird, ist es hilfreich, wenn Sie sich die ersten Schritte Ihres Kindes in der Schule und die Veränderungen vorstellen, die es bewältigen muss. Wir möchten Ihnen in dem folgenden Beispiel die Schulanfängerin Meike vorstellen. Vielleicht haben Sie Lust, sich auf einem Blatt Papier zu notieren, mit welchen Veränderungen Meike in der Schule konfrontiert wird.

Meike besucht seit einer Woche die erste Klasse mit 23 anderen Kindern. Sie kennt nur ein Mädchen aus ihrem Kindergarten. Morgens bringt sie ihre Mutter zum Schulhof, wo sie sich voneinander verabschieden. Mit dem gefüllten Schulranzen steigt Meike die Treppe hoch und kann von dort oben noch einmal ihrer Mutter winken. Manchmal trifft sie hier schon Kinder aus ihrer Klasse, aber die meisten Kinder, die Meike sieht, sind älter als sie.

Im Klassenzimmer sind noch nicht alle Kinder eingetroffen, weil es noch zehn Minuten dauert, bis Frau Maier – die Klassenlehrerin – kommt. Meikes Tischnachbarin Sophie packt schon ihr Mäppchen aus und zeigt Meike ihre neuen Stifte. Beide Kinder haben sich am ersten Schultag kennen gelernt.

Die Zeit vergeht schnell, bis Frau Maier in die Klasse kommt und alle begrüßt. Meike freut sich auf den täglichen Morgenkreis. Alle Kinder singen gemeinsam ein Lied. Dabei kann man auch klatschen und sich so bewegen, wie Frau Maier es vormacht. Danach dürfen die Kinder erzählen, was sie erlebt haben. Fast alle Kinder melden sich und Frau Maier sucht ein Kind aus. Einmal hat der Junge neben Meike geweint, weil er so lange warten musste.

Nach dem Morgenkreis setzen sich alle Kinder wieder auf ihre Plätze, und Frau Maier teilt Blätter mit Bildern, Linien und Kringeln aus. Mit dem Bleistift sollen die Kinder Linien und Kringel so weitermalen, wie Frau Maier es an der Tafel vormacht. Meike findet das gar nicht so einfach. Erst nach ein paar Versuchen sieht das Ergebnis so aus, wie sie es sich vorstellt. Zum Korrigieren leiht sie sich den Radiergummi von Sophie aus.

In der letzten Stunde haben die Kinder Turnen und gehen in die Sporthalle. Im Umkleideraum zieht Meike ihre Sachen an. Heute machen die Kinder Fangspiele, und einmal dürfen sie sich Bälle zuwerfen. Meike ist in einer Gruppe mit Sophie und zwei Jungen.

2. KAPITEL

Wenn nur die Zeit nicht so schnell vergehen würde! Schon ist die Schule für heute wieder vorbei, und Meike wartet auf dem Schulhof auf ihren Vater. Die Kinder vertreiben sich die Zeit mit einem Fangspiel. Viele sind schon auf dem Heimweg, als auch Meikes Vater seine Tochter abholt. Auf dem Heimweg erzählt ihm Meike, was sie heute alles erlebt hat.

Sicher haben Sie die eine oder andere Neuerung entdeckt, die sich für Meike durch den Schulbesuch ergeben hat. Für das Kind verändern sich z. B. sein soziales Umfeld und die Erwartungen, die an es gestellt werden. Von den oft lieb gewonnenen Gewohnheiten des Kindergartens muss sich das Kind verabschieden. Es soll sich in einem neuen Umfeld zurechtfinden, das es noch nicht oder nur aus Erzählungen kennt. Eigene Vorstellungen von Schule oder auch die Erfahrungen der Eltern, Geschwister und Freunde können das Erleben des Kindes sehr beeinflussen. Vielfältige Gefühle gehen damit einher. Neben Vorfreude, Neugier und Stolz spielen oft auch Unsicherheit oder Angst eine Rolle. Der Schulanfang gelingt besser, wenn diese Gefühle einen Schulanfänger nicht überwältigen, sondern er angemessen damit umgehen kann.

Auch im sozialen Bereich ergeben sich viele Veränderungen. Das Kind soll sich in eine fremde Gruppe einleben und neue Freunde finden. Im Kindergarten zählte es schon zu den »Großen«. In der Schule ist es nun wieder bei den »Kleinen«, muss sich in diese Rolle einfinden und behaupten.

In der Beziehung zur Klassenlehrerin muss ein Kind lernen, dass diese nicht mehr jederzeit ansprechbar ist, sondern sich auch noch um die anderen Kinder kümmern muss. Für das einzelne Kind heißt es, abzuwarten und die eigenen Bedürfnisse auch einmal zurückzustellen. Dazu benötigt es ein größeres Maß an Selbstständigkeit als im Kindergarten.

Regelmäßigkeit und Pünktlichkeit gewinnen mit Beginn der Schule an Bedeutung. Schon zu Hause werden bestimmte morgendliche Abläufe etabliert, bei denen nicht immer der Wunsch des Kindes entscheidend ist. Nachmittags müssen die Hausaufgaben erledigt werden, und auch in der Schule muss das Kind sich an Regelmäßigkeit gewöhnen (Stundenplan, Pausen, Unterrichtsablauf).

Es gilt, neue Regeln zu erlernen und diese einzuhalten. Das wird Kindern leichter fallen, die schon von zu Hause her Regeln und Pflichten kennen. Die Trennung zwischen Spielen und Lernen wird in der Schule deutlicher, und oft steht die Vermittlung von Kulturtechniken und Inhalten im Vordergrund. Da-

2. KAPITEL

bei kann das Kind seine Tätigkeiten in der Regel nicht mehr frei wählen, sondern muss von der Lehrerin gestellte Aufgaben innerhalb einer bestimmten Zeit bewältigen und dabei auf seinem Platz sitzen bleiben.

Um am Unterricht teilnehmen zu können, müssen Kinder konzentriert zuhören und sich einbringen können. Dazu gehört auch, sich über eine gewisse Zeitspanne konzentrieren zu können und aufmerksam zu sein. Wenn etwas nicht auf Anhieb klappt, sollte das Kind in der Lage sein, einen erneuten Versuch zu starten oder um Hilfe zu bitten. In der Schule muss man mit Stiften malen und schreiben und für längere Zeit auf einem Stuhl sitzen bleiben können. Im Sportunterricht und bei Bewegungsspielen geht es darum, Übungen genau anzuschauen und Bewegungen nachzumachen.

GRUNDLAGEN ZUR BEWÄLTIGUNG VON VERÄNDERUNGEN UND ANFORDERUNGEN

Wie oben ausführlich beschrieben, ergeben sich für Ihr Kind mit dem Wechsel in die Schule vielfältige Veränderungen, die gewisse Anpassungsleistungen erfordern. Ein Kind, das in die Schule kommt, muss aber nicht alle oben beschriebenen Anforderungen sofort erfüllen. Kinder sind sehr verschieden und haben unterschiedliche Stärken, die beim Eintritt in die Schule berücksichtigt werden müssen. Die Bewältigung der Aufgaben geschieht im Laufe eines Prozesses, der mit dem Beginn der Schule nicht abgeschlossen sein muss.

Ein Kind wird erst in der Schule zum Schulkind. Bestimmte Punkte können den Start in die Schule jedoch erleichtern und bilden Bereiche der Schulfähigkeit. Schulfähigkeit heißt dabei nicht, dass das Kind schon alles kann, was in der Schule ja erst noch gelernt werden soll. Das Kind sollte vielmehr bereit sein, sich zu einem Schulkind zu entwickeln und sich mit den Veränderungen, die sich durch den Besuch der Schule ergeben, auseinander setzen können.

Bewegen und Wahrnehmen – körperliche Voraussetzungen

Kinder können sich den Anforderungen in der Schule gut stellen, wenn sie sich in ihrem eigenen Körper

2. KAPITEL

wohl fühlen, körperlich gesund und stabil sind. Eine gesunde Ernährung, ausreichend Schlaf und vielfältige Bewegungsmöglichkeiten helfen dem Kind dabei, selbstsicher und ausgeglichen auf die Schule zuzugehen. Das Kind sollte über ein ausreichendes Hör- und Sehvermögen verfügen (bzw. entsprechende Hilfsmittel zur Verfügung haben).

Normal ausgeprägte **motorische Fähigkeiten** sind eine große Hilfe für die Bewältigung des Schulanfangs: Finger- und Handgeschicklichkeit erleichtern z. B. die Mal- und Schreibaufgaben. Ihr Kind tut sich leichter, wenn es einen Stift im Pinzettengriff greifen und führen kann und der Maldruck nicht ständig zum Abbrechen der Mine führt. Kinder, die gerne malen oder etwas ausschneiden, trainieren ihre Feinmotorik unbewusst schon lange vor der Schule.

Das Ausschneiden von einfachen geometrischen Figuren und Formen kann gleichfalls ein Hinweis für eine gut ausgebildete Feinmotorik sein. Neben der reinen Beweglichkeit gehört zu diesen Aufgaben auch eine angemessene Auge-Hand-Koordination: Schreiben und Malen gelingen, wenn eine Abstimmung zwischen dem Sehen und der Handbewegung möglich ist.

Für gute feinmotorische Fähigkeiten spricht es auch, wenn Ihr Kind verschiedene Verschlüsse (Deckel, Reißverschlüsse, Schnürsenkel) handhaben, sich selbst an- und ausziehen, beim Ausmalen Begrenzungen einhalten und vorgegebene Formen richtig nachmalen kann.

Eine wichtige Beobachtung bei der Einschätzung der motorischen Fähigkeiten ist, ob es Kindern gelingt, beim Malen oder auch bei Bewegungsspielen die Körpermittellinie zu kreuzen (z. B. mit der rechten Hand den Teil des Blattes auszumalen, der links von der Körpermittellinie liegt oder umgekehrt). Mit solchen Bewegungen wird die Verknüpfung zwischen linker und rechter Gehirnhälfte gefördert, die für die fein- und grobmotorische Koordination wichtig ist.

Auch grobmotorische Fähigkeiten sind Voraussetzungen, die ein Kind in die Schule mitbringen sollte. Flüssige, gut aufeinander abgestimmte Bewegungsabläufe bei Sport, Spiel und im Alltag sind Hinweise für eine gute Körperkoordination und ein sicheres Gefühl für den eigenen Körper. Die Koordination von Bewegungen funktioniert viel besser, wenn ein gutes Gleichgewichtsgefühl vorhanden ist.

Kinder, die Bewegungen gut nachahmen, einen Ball fangen und gezielt werfen können und beim Treppensteigen nicht immer dasselbe Bein zuerst benutzen, bringen ausreichende grobmotorische Fähigkeiten für die Schule mit.

2. KAPITEL

Bewegen, Wahrnehmen und Lernen sind eng miteinander verknüpft. Bei der **Wahrnehmung** unterscheidet man: Sehen (visuelle Wahrnehmung), Hören (auditive Wahrnehmung), Schmecken und Riechen (gustatorische und olfaktorische Wahrnehmung), Tasten und Berühren (taktile Wahrnehmung), Gleichgewichtssinn (vestibuläre Wahrnehmung), Lage- und Bewegungssinn (propriozeptive und kinästhetische Wahrnehmung).

Alle diese Wahrnehmungen sind für ein Kind wichtig, um sich ein Bild von sich selbst und der Welt machen zu können. Dazu ist es notwendig, dass die Wahrnehmungen nicht getrennt voneinander stattfinden, sondern dass das Gehirn Sinneswahrnehmungen zu einem Gesamtbild integrieren kann (siehe Kapitel 3). Lesen, Schreiben und Rechnen erfordern solche Integrationsleistungen in großem Maße.

Denken und Sprache – kognitive Voraussetzungen

Von Schulkindern wird erwartet, dass sie Zusammenhänge in der Welt entdecken und Regelmäßigkeiten erkennen können. Dadurch wird die Umwelt für Kinder versteh- und vorhersagbar. Die Schulanfänger sollten einfache Abläufe planen können und Ansätze des Problemlösens und logischen **Denkens** beherrschen. Das bedeutet, dass ein Kind einfache

Wenn-dann-Beziehungen durchschauen (z. B.: Wenn es regnet, dann werde ich draußen nass; Planen könnte in diesem Beispiel bedeuten, dass das Kind eine Regenjacke mitnimmt, um sich vor dem Regen zu schützen) und einfachen Gedankengängen oder Aufgaben folgen können sollte.

Kinder sollten außerdem Konzepte entwickeln können und eine gewisse Merkfähigkeit besitzen. Nur so können sie sich Fertigkeiten im kognitiven Bereich aneignen und wieder darauf zurückgreifen. Kinder, die sich die Namen von anderen Kindern oder Spielregeln merken und einfache Reime auswendig aufsagen können, haben es in der Schule leichter.

Wenn es einem Kind gelingt, Symbole (z. B. Ampelmännchen, Kennzeichnung von Toiletten), Muster (z. B.: Man schreibt in Linien) und Kategorien (Schuhe, Hosen und Jacken sind Kleidungsstücke) zu erkennen, kann es sich im schulischen Alltag und beim Lernen ausreichend orientieren. Zudem bildet die Fähigkeit, Symbole zu erkennen, eine Grundlage zum Erlernen von Buchstaben und Worten.

Zur Orientierung gehört ebenfalls eine Vorstellung von Raum und Zeit, die es dem Kind ermöglicht, einzelne Schritte in eine zeitliche Reihenfolge einzuordnen. Ein Kind, das sich mit der zeitlichen Orientie-

2. KAPITEL

rung schwer tut, wird möglicherweise schon deshalb Probleme bekommen, weil es sich nicht vorstellen kann, wann es die Eltern wieder sieht. Ihr Kind muss nicht ausrechnen können, wie lange es bis zu einem Ereignis dauert, es sollte aber ein zeitliches Gefühl dafür haben. Die räumliche Orientierungsfähigkeit ist notwendig, damit sich die Kinder in der Schule und auf dem Schulweg zurechtfinden und z. B. im Mathematik-Unterricht räumliche Beziehungen erkennen können.

Sowohl für den mathematischen als auch für den sprachlichen Bereich sollten Kinder beim Schuleintritt in der Lage sein, Gegenstände oder Sachverhalte zu sortieren, z. B. nach den Kriterien »größer-kleiner«, »leichter-schwerer«, »länger-kürzer« usw. Sie zeigen damit auch die Fähigkeit, Sachverhalte zu strukturieren, was für eine immer selbstständigere Bearbeitung von Arbeitsaufträgen der Klassenlehrerin notwendig ist.

Für den mathematischen Bereich ist es in der Schule hilfreich, wenn Kinder eine Vorstellung von Mengen besitzen, z. B. beim Spiel mit einem Würfel schon in der Lage sind, viele und wenige Punkte zu beurteilen und diese nicht mehr zählen müssen. Entscheidend ist dabei weniger, wie weit das Kind nun tatsächlich richtig zählen kann, sondern ob das dahinter liegende Prinzip, dass Zahlen eine Menge darstellen und diese größer oder kleiner sein kann, erkannt wird. Einfache geometrische Formen (Kreis, Dreieck, Quadrat) sollte ein Kind unterscheiden und benennen können.

Eine besonders wichtige Voraussetzung für den Schuleintritt ist, dass Kinder ein allgemeines Interesse für Zahlen und Buchstaben oder das Lesen, Schreiben und Rechnen zeigen. Ein solches Interesse zeigt sich zum Beispiel darin, wenn Kinder ihren Namen schreiben wollen oder Wunschzettel und kleine Blätter anfertigen, auf denen sie so tun, als ob sie schreiben könnten.

In der heutigen Zeit werden **sprachliche Voraussetzungen** für den Schuleintritt betont. Im Allgemeinen erlernen Kinder diese Fähigkeiten gut, wenn sie vielfältige Erfahrungen mit Sprache machen können. Eltern, die ihren Kindern vorlesen, sich mit ihnen unterhalten und auf Fragen und Gespräche eingehen, fördern die sprachlichen Fähigkeiten ihrer Kinder. Kinder lernen so, sich klar zu artikulieren und Laute, Worte und Sätze deutlich und richtig zu sprechen.

Das Heraushören von unterschiedlichen Lauten (phonologische Bewusstheit) ist eine der Grundvoraussetzungen, um Lesen und Schreiben lernen zu

2. KAPITEL

können, denn dabei werden Buchstaben und Laute einander zugeordnet. Wenn ein Kind lautgetreu schreiben soll, muss es zunächst einmal die Laute heraushören können, um diese über die passenden Buchstaben verschriftlichen zu können. Der umgekehrte Vorgang findet beim Lesen statt.

Neben der Artikulation ist auch das Sprechen selbst von Bedeutung. Kinder, die sich flüssig ausdrücken können und dabei grammatikalisch richtige Sätze bilden, haben es in der Schule sehr viel leichter. Auf keinen Fall sollte noch die »Babysprache« mit fehlenden Satzteilen vorherrschen. Wenn Ihr Kind eine einfache Geschichte oder Begebenheit aus dem Alltag richtig erzählen kann, dann befindet es sich auf einem guten Weg.

Zwar gestalten Kindergarten und Grundschule den Übergang so fließend wie möglich, trotzdem werden mit dem Schuleintritt Aufgaben an das Kind herangetragen, die es zu einer bestimmten Zeit und innerhalb eines bestimmten Zeitraumes erledigen soll. An das Arbeitsverhalten des Kindes werden andere Ansprüche gestellt als im Kindergarten.

Kindern, die neugierig auf die Schule und das Lesen, Schreiben und Rechnen sind, fällt es im Normalfall leichter, ein angemessenes **Arbeitsverhalten** und ausreichende Motivation zu zeigen. Hinzu kommt jedoch, dass ein Kind über eine grundlegende Konzentrationsfähigkeit verfügen sollte, die es ihm ermöglicht, trotz Ablenkungen bei einer Aufgabe zu bleiben und über eine gewisse Zeit die notwendige Aufmerksamkeit aufzubringen. Sehr verträumte oder leicht abzulenkende Kinder haben damit oft Schwierigkeiten und schaffen es z. B. nicht, ohne Unterbrechung Aufgaben zu Ende zu bringen oder einer Geschichte bis zum Schluss zuzuhören.

Bei der Erledigung von Arbeitsaufträgen in der Schule sollten Kinder selbstständig sein und ausreichend genau arbeiten. Ein Kind wird die Anforderungen in der Schule gut meistern, wenn es schon vorher in der Lage war, kleine Aufgaben im Alltag selbstständig zu erledigen. Dazu gehört auch, dass es sich zu helfen weiß, wenn es mit etwas nicht zurecht kommt oder dass es um Hilfe bitten kann. Kinder profitieren sehr davon, wenn ihnen von anderen Brücken gebaut werden, sie die Lösung aber trotzdem selbst finden.

Gefühl und Miteinander

Kinder müssen sich in einem neuen sozialen Umfeld zurechtfinden. Sie gehen auf andere Kinder zu, knüpfen neue Kontakte, arbeiten mit anderen Kindern zusammen. Und müssen sich manchmal anderen ge-

2. KAPITEL

genüber behaupten. Das alles wird einem Kind gut gelingen, das sich selbst bejaht und selbstsicher ist. Ein gutes Gefühl zu sich selbst und die Gewissheit, bisher schon viele Dinge bewältigt zu haben, schaffen gute Voraussetzungen, um auch mit ungewohnten oder schwierigen Situationen umgehen zu können.

Kinder, die sich auf die Schule freuen und neugierig darauf sind, haben es leichter. Trotzdem ist es normal und verständlich, wenn auch Kinder mit einem guten Selbstvertrauen in der Schule einmal Angst verspüren oder ihnen etwas unbehaglich ist. Kinder, die sagen können, dass sie Angst haben und die sich helfen lassen, kommen in der Schule gut zurecht. Insgesamt ist es wichtig, dass ein Kind seine Gefühle zeigen und ausdrücken kann. Nur so können andere diese wahrnehmen und darauf reagieren.

Ein Kind muss in der Schule aber auch damit umgehen können, dass es nicht immer im Mittelpunkt steht. Es muss in der Gruppe die eigenen Bedürfnisse zurückstellen und abwarten können. Zur Schule gehört es auch, nicht nur dann etwas zu tun, wenn man gerade Lust dazu hat, sondern wenn es im Unterricht gefordert wird.

Ein gesundes Selbstbewusstsein hilft Kindern auch im Kontakt mit anderen. Schule bedeutet, sich in eine

Gruppe aus meist fremden Kindern zu integrieren. Dafür muss ein Kind in der Lage sein, mit anderen Kindern in Kontakt zu treten und Freundschaften zu pflegen. Für das Zusammenleben ist es notwendig, sich an soziale Regeln halten zu können.

Ein Kind sollte in der Schule mit anderen Kindern zusammenarbeiten können. D. h., dass es sich anderen mitteilen, aber auch zuhören und sich mit seinen eigenen Ideen einbringen können sollte. Kinder, die nur auf sich selbst bezogen sind, werden Schwierigkeiten damit haben, mit anderen in Kontakt zu kommen oder sich gegenseitig zu helfen.

In der Schule wird es früher oder später auch zu Streitigkeiten kommen. Förderlich ist es, wenn Kinder selbst versuchen, einen Streit beizulegen oder sie sich auf die Vermittlung von anderen einlassen können.

Die Kenntnis sozialer Regeln und Abläufe erleichtert das Zusammenleben. Kinder, die sich sozialer Regeln bewusst sind und diese auch anwenden, können Verhaltensweisen anderer besser einordnen und adäquat darauf reagieren. Dies schafft für Kinder gerade in unbekannten Situationen eine bessere Vorhersehbarkeit und damit ein größeres Maß an Sicherheit.

Vielleicht können Sie diese Erfahrung am besten nachvollziehen, wenn Sie sich vorstellen, Sie befänden sich in einem anderen Kulturkreis und wären beispielsweise zu einer Hochzeit eingeladen. Sie wissen nur, dass eine solche Hochzeit ganz anders abläuft als Sie es kennen. Wahrscheinlich können Sie sich ausmalen, dass es Sicherheit schafft, wenn Ihnen die wichtigsten sozialen Regeln bei einem solchen Ereignis vorher bekannt sind.

Fazit: Viele Fähigkeiten können einem Kind den Start in die Schule erleichtern. Insgesamt ist es ein gutes Zeichen, wenn Ihr Kind sich auf die Schule freut und neugierig auf die Dinge ist, die es dort erleben und lernen wird. Diese Motivation kann über so manche Startschwierigkeit hinweghelfen und dazu beitragen, dass Ihr Kind sich in anderen Bereichen, in denen es vielleicht noch etwas langsamer ist, gut weiterentwickelt.

3. KAPITEL

Schulfähigkeit – was Sie wissen sollten

Der Start in die Schule ist ein wichtiger Schritt für Kinder und Eltern. Entwicklungspsychologische Modelle beschreiben solche Übergänge und zeichnen Entwicklungen nach.

3. KAPITEL

Viele Autoren und Praktiker haben sich mit den wissenschaftlichen Hintergründen beschäftigt, die für die Schulfähigkeit von Bedeutung sind. Im Folgenden möchten wir Ihnen zwei wichtige Bereiche darstellen, die relevante Aspekte des Schulbeginns und der vorausgehenden Entwicklung aufzeigen.

Griebel und Niesel (2002, 2004) haben den Übergang vom Kindergarten in die Schule genauer betrachtet und dabei verschiedene Modelle der Entwicklungspsychologie berücksichtigt. Sie betrachten den Wechsel vom Kindergarten in die Schule als einen **Übergang**, bei dem das Kind sich mit verschiedenen Entwicklungsaufgaben auseinander setzen muss. Vielleicht entdecken Sie bei der folgenden Darstellung den einen oder anderen Aspekt wieder, den Sie selbst beim Fallbeispiel »Meike« in Kapitel 2 festgehalten haben.

Griebel und Niesel unterscheiden drei verschiedene Ebenen, auf denen sich die Entwicklungsaufgaben stellen. Das Kind selbst **(Ebene des Kindes)** muss mit positiven oder negativen Emotionen, die durch den Wechsel ausgelöst werden, umgehen können. Es muss in der Schule neue Kompetenzen erwerben und andere Verhaltenweisen zeigen. Insgesamt bedeutet dies eine Veränderung der Identität des Kindes, denn es wird nun vom Kindergarten- zum Schulkind.

Auf der **Beziehungsebene** warten ebenfalls viele Entwicklungsaufgaben auf das Schulkind. Neue Beziehungen müssen aufgebaut und bisherige Beziehungen neu strukturiert werden. In den ungewohnten sozialen Situationen muss sich ein Kind behaupten und mit anderen Menschen umgehen lernen. In der Familie bekommt ein Kind nun eine neue Rolle, an die bestimmte Erwartungen geknüpft sind.

Auf einer dritten, **kontextuellen Ebene** liegen Entwicklungsaufgaben, die z. B. die Integration der Lebensbereiche Familie und Schule oder das Erlernen neuer Strukturen und Inhalte betreffen. In der Schule gelten andere Regeln als im Kindergarten oder zu Hause, und Inhalte orientieren sich nun an einem festgelegten Curriculum. Schule und Familie müssen miteinander in Einklang gebracht und weitere familiäre Ereignisse integriert werden.

Die bisherige Entwicklung von Kind und Familie spielt eine entscheidende Rolle dabei, wie gut der Übergang und die aufgeführten Entwicklungsaufgaben bewältigt werden können. Neben dem Kind müssen auch die Eltern den Übergang meistern, und oftmals sind damit Unsicherheiten verbunden.

3. KAPITEL

Die geforderten Anpassungsleistungen werden von Kindern unterschiedlich gut und schnell vollzogen. Die Bewältigung des Wechsels darf eine gewisse Zeit dauern. Dabei kann es auch vorkommen, dass Kinder in der ersten Zeit in der Schule auffällige Reaktionen zeigen. Problematisch wird dies aber erst, wenn längerfristig keine Anpassungsleistungen erbracht werden oder ein Problemverhalten über längere Zeit bestehen bleibt.

An dieser Stelle ist es wichtig, darauf hinzuweisen, dass die Bewältigung des Übergangs vom Kindergarten in die Schule keineswegs allein Aufgabe des Kindes ist. Familie, Kindergarten und Grundschule spielen hierbei eine entscheidende Rolle. Die Zusammenarbeit zwischen Eltern und Kindergarten und die Kooperation zwischen Kindergarten und Schule können den Übergang deutlich leichter gestalten. Zudem ist es Aufgabe der Schule, sich auf die unterschiedlichen Voraussetzungen der Kinder einzustellen und sie individuell zu fördern. Gerade wenn Schwierigkeiten auftreten, empfiehlt sich ein enger Kontakt mit dem Kindergarten bzw. mit der Schule.

Nach Griebel und Niesel (2004) kann von einer erfolgreichen Bewältigung des Übergangs gesprochen werden, wenn ein Kind sich in der Schule wohl fühlt, die Anforderungen bewältigt und von den Bildungsangeboten optimal profitiert.

Das oben beschriebene Modell bezieht sich auf den Zeitpunkt des Übergangs vom Kindergarten in die Grundschule. Förderlich für die Bewältigung dieses Übergangs ist es, wenn ein Kind sich zuvor gut entwickelt hat. Die kindliche Wahrnehmung bestimmt entscheidend mit, wie es sich in der Welt zurechtfindet. Höhere kognitive Fähigkeiten, wie sie für das Erlernen von Kulturtechniken erforderlich sind, bauen auf einer altersentsprechenden Wahrnehmungs- und Bewegungsfähigkeit auf.

Die Entwicklung der Wahrnehmung beginnt bereits im Mutterleib. In den ersten Lebensjahren stimulieren Sinnesreize das Gehirn und lassen Nervenverbindungen entstehen. Häufig genutzte Verknüpfungen werden aus- und selten verwendete wieder abgebaut. Dies führt dazu, dass sinnvolle Verbindungen verfestigt werden.

Über Sinneserfahrungen erobert sich ein Kind allmählich die Welt. Durch sich wiederholende Erfahrungen gelingt es dem Kind mit der Zeit, seine Wahrnehmungen zu ordnen, Abläufe zu erkennen und Erwartungen an die Welt zu haben.

3. KAPITEL

Die Wahrnehmung differenziert sich fortlaufend, und ein Kind erschließt sich immer komplexere Ebenen. Wichtig ist es dabei, dass ein Kind alle Sinne benutzen und sie »trainieren« kann. Deshalb sollten Eltern ihren Kindern ausreichende Sinneserfahrungen ermöglichen und sie auf der anderen Seite vor einer Reizüberflutung schützen. Kinder benötigen nämlich ausreichende Ruhepausen, um ihre Erfahrungen verarbeiten zu können.

Auch wenn alle Sinne gut funktionieren, ist es wichtig, dass die auf diese Weise gewonnenen Informationen miteinander in Beziehung gesetzt und gemeinsam verarbeitet werden. Ein Kind muss in der Lage sein, Sinneseindrücke zu integrieren, wenn es z. B. nach etwas greift.

Diesen Grundgedanken benennt J. Ayres (1992) mit dem Begriff der **sensorischen Integration**. Ihre Überlegungen gehen von der Grundannahme aus, dass die adäquate Wahrnehmung und Verarbeitung von Sinneseindrücken Grundlage kindlichen Lernens ist.

Die Integration von Sinneswahrnehmungen hat einen großen Einfluss auf das Rechnen-, Schreiben- und Lesenlernen, aber auch auf die Entwicklung der Motorik, der Sprache, des Denkens, des Arbeitsverhaltens und nicht zuletzt auf das Selbstwertgefühl. Durch die sensorische Integration erhält das Kind Informationen über sich selbst und seine Umwelt und kann sich orientieren. Am wirksamsten sind sensorische Erfahrungen, wenn Kinder selbst aktiv werden.

Wir möchten Ihnen im Folgenden aufzeigen, welche Bedeutung die einzelnen Wahrnehmungsbereiche für Ihr Kind haben: Die Bedeutung des **Sehsinns** kann man verstehen, wenn man sich darüber klar wird, dass wir fortwährend optische Reize aufnehmen, sie mit früheren Erfahrungen verbinden und danach Unterscheidungen treffen. Viele Tätigkeiten kontrollieren wir über unsere Augen. Mit dem Sehsinn gelingt es uns, eine Form oder einen Gegenstand, den wir suchen, von seinem Hintergrund zu unterscheiden. Wir können räumliche Beziehungen von Gegenständen erkennen und Formen oder Muster wahrnehmen bzw. wiedererkennen.

Über den **Hörsinn** sind wir in der Lage, akustische Reize wahrzunehmen und einzuordnen. Diese Fähigkeit ist bedeutsam für die Sprachentwicklung von Kindern. Durch einen gut entwickelten Hörsinn ist es Kindern möglich, einzelne Laute voneinander zu unterscheiden oder Schallquellen zu orten. Kinder sollten wichtige Hörreize aus dem Hintergrundgeräusch herausfiltern und sich gehörte Informationen über einen gewissen Zeitraum merken können. Zum Hörsinn gehört auch, Rhythmen in Liedern oder Wörtern herauszuhören.

Der **Tastsinn** ermöglicht es Kindern, Berührungen, Kälte und Wärme oder Druck wahrzunehmen. Kinder lokalisieren Berührungsreize und entwickeln darüber ein Bild vom eigenen Körper und den Ausdehnungen der einzelnen Gliedmaßen. Der Tastsinn ist schon sehr früh ausgebildet und stellt eine wichtige Quelle emotionalen Wohlbefindens dar, wenn der Säugling oder das Kleinkind über die Berührung Zuwendung und Geborgenheit erfährt. Mit Hilfe des Tastsinns kann ein Kind Gegenstände aus seiner Umgebung erforschen und deren Beschaffenheit erkunden.

Der **Lage- und Bewegungssinn** liefert einem Kind Informationen über die Stellung oder Bewegung des eigenen Körpers im Raum. Dazu dienen Sinneszellen an Gelenken, Knochen, Muskeln und Sehnen, die auf Bewegungen oder Lageveränderungen reagieren. Ohne diesen Sinn wäre das Laufen oder auch Sitzen nicht möglich. Er erlaubt es uns außerdem abzuschätzen, wie viel Kraft wir für eine bestimmte Bewegung einsetzen müssen. Erhält ein Kind zu wenig Informationen aus diesem Wahrnehmungsbereich, so neigt es dazu, häufiger etwas fallen zu lassen, zu stolpern oder versehentlich etwas kaputt zu machen.

Für die Körperkoordination reicht der Lage- und Bewegungssinn alleine jedoch nicht aus. Darüber hinaus sind Informationen über Lage- und Haltungsveränderungen oder Drehbewegungen notwendig. Diese Aufgabe erfüllt der **Gleichgewichtssinn**. Ohne die Fähigkeit, das Gleichgewicht halten und Drehbewegungen wahrnehmen zu können, könnten wir kaum eine alltägliche Bewegung durchführen und würden z. B. mit dem Fahrrad einfach umkippen.

Ein Kind erlebt Lageveränderungen eher als bedrohlich, wenn sein Gleichgewichtssinn ihm keine ausreichenden Informationen zur Verfügung stellt. Häufig bewegt es sich dann unsicher und ist ängstlich.

Alle beschriebenen Sinne müssen miteinander koordiniert werden. Für das Laufen reicht zum Beispiel der Gleichgewichtssinn alleine bei weitem nicht aus. Man benötigt zusätzlich Informationen über die sich ständig verändernde Lage des eigenen Körpers, man muss über die Füße die Bodenbeschaffenheit spüren, über die Augen den Weg um Hindernisse herum planen und möglicherweise auch hören, ob von der Seite ein Auto herannaht. Dies ist nur ein vereinfachtes Beispiel dafür, wie wichtig die Integration der einzelnen Wahrnehmungen ist, die im Gehirn geleistet wird. Diese sensorische Integration müssen Kinder im Laufe ihrer Entwicklung erst erwerben.

Fazit: Der Start in die Schule stellt für Kinder einen wichtigen Übergang dar, bei dem es sich vielen Entwicklungsaufgaben stellen muss. Bei der Bewältigung sind neben dem Kind auch seine Eltern, der Kindergarten und die Schule von Bedeutung. Eine gute Bewältigung hängt vom Entwicklungsstand des Kindes ab. Die Wahrnehmung und integrierte Verarbeitung der Sinne bilden eine wichtige Grundlage für das Handeln und Lernen und das Bewältigen dieses einschneidenden Übergangs.

4. KAPITEL

Schulfähigkeit fördern
Praktische Ideen und Spiele

Lernen und Spielen sind für Kinder ein und dasselbe. Um sich entwickeln zu können, benötigen Kinder eine anregende Umwelt, die ihnen vielfältige Erfahrungen ermöglicht.

4. KAPITEL

Tim möchte für seinen Bruder einen Geburtstagskuchen backen. Er hat sich aus dem großen Kochbuch bereits einen ausgesucht. Seine Mutter hat ihm versprochen, beim Backen zu helfen. Tim freut sich und holt schon einmal Mehl und Zucker aus der großen Schublade – das braucht man ja immer.

Seine Mutter liest ihm nacheinander alle Zutaten vor, die er auf dem Küchentisch sammelt. Einfach wäre es jetzt, wenn man alles zusammenschütten könnte, aber Tim weiß schon, dass dann der Kuchen nicht besonders gut schmeckt. Man braucht die Waage und diese komischen Zahlen aus dem Kochbuch, mit denen Tim noch nicht richtig klar kommt.

Tims Mutter zeigt ihm, wie weit der Zeiger auf der Waage ausschlagen muss, damit er die richtige Menge erhält. Nach und nach misst Tim alle Zutaten ab. Manchmal bewegt sich der Zeiger über die Stelle hinaus, die seine Mutter ihm gezeigt hat, und er muss mit seinem Löffel wieder etwas in die Packung zurückschütten.

Jetzt fehlen noch drei Eier, die getrennt werden müssen. Tim hat das zwar schon gesehen, aber zur Sicherheit macht seine Mutter es ihm noch einmal vor. Tims erstes Ei klatscht vollständig in die Schüssel. Er und seine Mutter lachen und fischen gemeinsam das

Eigelb wieder heraus. Beim zweiten Mal klappt es schon viel besser. Tim hat sich vorher die zweite Schüssel näher an seinen Platz gestellt, und so geht es viel einfacher.

Nun wird kräftig gerührt, geknetet und die Backform mit Butter ausgepinselt. Tim achtet darauf, dass alles gut eingefettet ist, damit der Kuchen nachher nicht in der Form kleben bleibt, und schließlich steht der Kuchen im Backofen. Mit Hilfe seiner Mutter stellt Tim den Timer.

Seine Mutter ruft ihn zum Abwaschen. Tim ist überrascht – dazu hat er gar keine Lust. Seine Mutter erklärt ihm jedoch, dass es zum Backen dazu gehört, dass man hinterher alles wieder aufräumt. Als alles fertig ist, können sie den Kuchen aus dem Ofen holen. Tim betrachtet den gelungenen Kuchen und ist richtig stolz auf sich. Er freut sich darauf, am nächsten Tag seinen Bruder mit dem Kuchen zu überraschen.

Einen Kuchen zu backen, macht den meisten Kindern großen Spaß. In solchen Situationen werden vielfältige Kompetenzen des Kindes geschult, ohne dass dabei das Gefühl des Übens aufkommt. Tim hat beim Kuchenbacken viele Dinge geübt und Fähigkeiten bewiesen. Im sozialen Bereich kennt er bestimmte Regeln des Zusammenlebens. Er möchte seinem Bruder

4. KAPITEL

etwas zum Geburtstag schenken und bittet seine Mutter um Hilfe. Er zeigt außerdem, dass er Hilfe annehmen und Erklärungen verstehen kann. Er lernt eine neue Verpflichtung kennen (Küche aufräumen) und erfüllt diese, auch wenn er dazu keine große Lust hat.

Tim übt seine sprachlichen Fertigkeiten, und vielleicht lernt er ein paar neue Begriffe dazu wie »Eier trennen« oder »schaumig schlagen«. Er setzt sich mit Zahlen und Buchstaben auseinander und entwickelt Interesse dafür, weil er sieht, wofür man sie braucht. Er geht mit Mengen um, bildet Relationen (mehr – weniger, leichter – schwerer) und konzentriert sich dabei.

Tim schult seine Feinmotorik (Eier trennen und kneten), wobei er außerdem eine gute Portion Frustrationstoleranz benötigt, um das Eiertrennen noch einmal zu versuchen. Tim erkennt einfache Zusammenhänge zwischen dem Fetten der Form und dem Herauslösen des Kuchens, und er lernt, einen kleinen Plan zu entwickeln, wie er die Schüsseln beim Eiertrennen geschickter hinstellen kann.

Tim kann alle seine Sinne benutzen und schulen. Dabei hat er es geschafft, seinem Bruder einen Kuchen zu backen. Durch diese Erfahrung wird sein Selbstwertgefühl gestärkt, und er erlebt sich als handlungsfähig und aktiv. So kann die Vorbereitung auf die Schule also auch aussehen.

Auf den folgenden Seiten möchten wir Ihnen Ideen und Möglichkeiten vorstellen, wie Sie die Entwicklung Ihres Kindes im ganz normalen Alltag unterstützen können.

BEWEGEN UND WAHRNEHMEN

Wir haben versucht darzustellen, dass eine differenzierte Wahrnehmungsfähigkeit und gut entwickelte motorische Fähigkeiten wichtige Voraussetzungen für die Weiterentwicklung der Denkfähigkeit sowie der gesamten Persönlichkeit sind. Für die Förderung bieten sich vielfältige Möglichkeiten an.

Kinder sammeln aufgrund ihrer angeborenen Neugier täglich vielfältige Sinneserfahrungen und verbessern ihre Bewegungsfähigkeit. Wenn Sie Ihr Kind hierbei unterstützen möchten, sollten Sie eine anregende Umgebung schaffen, in der es die verschiedensten Sinneserfahrungen machen kann. Damit *alle* Sinne gut geschult werden, kann es außerdem hilfreich sein, wenn Sie Ihr Kind ab und zu auf Dinge aufmerksam machen,

4. KAPITEL

die es von selbst nicht bewusst wahrnimmt. Sie können z. B. auf Geräusche hinweisen: »Hör mal, was ist das für ein Geräusch?«, oder nach der Richtung fragen, aus der das Geräusch kommt.

Genauso können Sie die Aufmerksamkeit Ihres Kindes auf Gerüche und Geschmacksrichtungen lenken. Hier bietet sich die Küche mit Speisen und Kräutern als spannender »Übungsort« an. Ihr Kind kann taktile Erfahrungen sammeln, wenn Sie es auffordern, Dinge zu berühren oder zu ertasten, die sich interessant oder überraschend anders als erwartet anfühlen. Ein Waldspaziergang z. B. bietet vielfältige Sinneserfahrungen; er ermöglicht Ihrem Kind zu hören, zu sehen, zu riechen und zu tasten.

Förderung der sinnlichen Wahrnehmung

Im Folgenden beschreiben wir einige »sinn-volle« Ideen, mit denen Sie die einzelnen Sinne Ihres Kindes spielerisch ansprechen können.

Tastsäckchen

Legen Sie Gegenstände, wie z. B. Spielzeug, Naturmaterialien oder Esswaren, in einen Stoff- oder Plastiksack, ohne dass Ihr Kind zuschaut. Es darf nun hineingreifen und mit geschlossenen Augen erraten, was es aus dem Sack gefischt hat.

Massage

Bei vielen Kindern hat das Massieren eine sehr entspannende Wirkung. Für die Massage nehmen Sie Kinderöl o. Ä. und führen mit den Händen kreisende, knetende, klopfende und zum Abschluss ausstreichende Bewegungen aus.

Probieren Sie es einfach einmal aus. Sie müssen nur auf eines achten: Die Wirbelsäule sollte ausgespart werden. Für die Massage kann man neben den Händen auch verschiedene Materialien verwenden: Igel-/Tennisball, weiche Feder, Watte, weiche Bürste, Schwamm usw. Ruhige Musik unterstützt die entspannende Wirkung der Massage.

Wichtig: Manche Kinder mögen es anfangs nicht, massiert zu werden. Ist dies bei Ihrem Kind der Fall, versuchen Sie es zunächst einmal mit einfachem Eincremen oder nur mit der Massage von Armen oder Beinen. Vielleicht mag Ihr Kind lieber festere oder weichere Berührungen. Finden Sie es gemeinsam heraus!

4. KAPITEL

 Mumien wickeln

Besorgen Sie elastische Binden oder Toilettenpapier (mind. eine Rolle) und wickeln Sie Ihr Kind damit ein. Ihr Kind entscheidet, ob es Arme und Kopf auch eingewickelt bekommen möchte. Ist die Mumie fertig, kann sie die Fesseln selbst sprengen (bei Toilettenpapier) oder durch langsames Drehen und Wenden (bei elastischen Binden) versuchen, sich selbst zu befreien.

Die beschriebenen Übungen beziehen sich vor allem auf den Lage-, Bewegungs- und Tastsinn. Daneben ist der Gleichgewichtssinn wichtig, den man ebenso spielerisch fördern kann.

Ihr Kind kann auf Bordsteinkanten, niedrigen Mauern, Baumstämmen oder gemalten Strichen balancieren. Auch im Wohnzimmer kann balanciert werden, z. B. auf einer ausgelegten Schnur.

Ihr Kind soll versuchen, möglichst lange auf einem Bein zu stehen oder zu hüpfen (auch mit geschlossenen Augen). Wenn Sie ein Trampolin oder einen Pezziball haben, schult das Hüpfen darauf ebenfalls den Gleichgewichtssinn.

Förderung der Motorik

Grobmotorik

Kinder lieben Bewegungsspiele. Durch Bewegungsspiele erweitert sich ihr Erfahrungshorizont ständig, ohne dass dies den Kindern bewusst wird und in der Regel ohne dass sie hierbei gezielt angeleitet werden müssen. Im Freien können Kinder ihrem Bewegungsdrang am besten freien Lauf lassen und grobmotorische Fertigkeiten wie Geschicklichkeit, Bewegungssicherheit, Koordination und Reaktionsschnelligkeit erproben und trainieren.

Es gibt jedoch Tage, an denen niemand vor die Haustür gehen möchte. Aber auch drinnen können sich Kinder »spielend« bewegen.

Luftballontanz

Jeweils zwei Kinder bewegen sich gemeinsam mit einem Luftballon zur Musik. Die Hände liegen dabei auf dem Rücken. Die Kinder halten den Luftballon mit dem Bauch oder klemmen ihn zwischen ihre Hüften. Der Luftballon darf dabei nicht auf den Boden fallen.

4. KAPITEL

 Besuch im Urwald

Im Urwald leben viele wilde Tiere. Die Kinder ahmen die Bewegungen und Geräusche dieser Tiere genau nach: Der Leopard schleicht durch das Gebüsch, pirscht sich an eine Beute heran, springt los und brüllt dabei ganz laut. In der Nähe schlängelt sich eine große Schlange auf dem Urwaldboden durch Gräser und über Baumstümpfe und zischelt dabei. Das macht die Affen in den Bäumen ganz unruhig. Sie warnen sich gegenseitig, hüpfen und springen aufgeregt hin und her und klettern auf höher gelegene Äste. Es gibt auch Elefanten im Urwald. Man hört sie schon von weitem heranstapfen. Ab und zu bleiben sie stehen und rufen sich gegenseitig mit erhobenem Rüssel etwas zu.

Es wurde bereits darauf hingewiesen, dass neben der Grobmotorik auch die Feinmotorik für den Schulbesuch wichtig ist. Zur Verbesserung der Hand- und Fingergeschicklichkeit bieten sich ebenfalls viele Spiele an.

Feinmotorik

 Malen mit Straßenkreide

Auf Hofeinfahrten, Spielstraßen oder Wendeplatten können Kinder mit Kreide eine Straße aufmalen und diese anschließend mit dem Roller oder Fahrrad befahren. Die kurvige Straße kann mit Verkehrsschildern und Zebrastreifen ausgestattet sein, an denen gegebenenfalls gehalten werden muss. Die Straße wird vielleicht von gemalten Häusern und Geschäften gesäumt. Dort kann nach Lust und Laune angehalten, eingekauft und in der Eisdiele ein Eis gegessen werden.

Falls nicht so viel Platz vorhanden sein sollte, können die Kinder auch farbige Mosaike/Mandalas, Hüpfspiele oder Bilder auf den Bürgersteig malen.

Kneten

Möchte Ihr Kind nicht malen, dann probieren Sie es doch einmal mit Kneten, z. B. mit Salzteig. Salzteig ist nicht essbar, man kann daraus aber Gegenstände formen, die z. B. für den Kaufladen sehr nützlich sind. Es können Brotwaren, Käsestücke, die verschiedensten Früchte, Gemüsesorten und Süßigkeiten hergestellt werden.

Nachdem die Gegenstände geformt wurden, müssen sie für einige Tage an der Luft (oder im Backofen bei 50 °C) trocknen. Anschließend kann die »Ware« mit Wasserfarben angemalt werden. Den Teig stellen Sie mit zwei Tassen Mehl, zwei Tassen Salz und einer Tasse Wasser her.

4. KAPITEL

Zum Formen kann man natürlich auch herkömmliche Knete, Ton und tonähnliche, selbsttrocknende Knetmasse und Backteig verwenden.

 Klorollen-Tiere

Mit Klorollen können Sie lustige Tiere basteln, z. B. Hasen: Die Klorolle wird bemalt oder mit braunem Tonpapier beklebt. Die Ohren und Füße des Hasen werden aus farbigem Papier ausgeschnitten und am hinteren Rand der Klorolle angeklebt. Für die Augen werden runde Papierschnipsel verwendet.

Nun fehlen dem Hasen nur noch die Nase und die Schnurbarthaare. Diese können aufgemalt oder auch aus Papier zugeschnitten werden: für die Nase ein kleines Dreieck und für die Barthaare kleine schmale Papierstreifen.

 Schweinchen-Spardose

Aus einem Verpackungskarton, einem Bierdeckel, einem Bogen festem Papier oder Karton können Sie mit Ihrem Kind ein Sparschwein basteln.

In die Oberseite des Verpackungskartons schneiden Sie einen Schlitz. Dann werden Karton und Bierdeckel rosa angemalt. Der Bierdeckel dient als Kopf und wird an die Schmalseite des Kartons, etwas oberhalb der Mitte, angeklebt. Die Ohren, die Schnauze und die Füße schneiden Sie aus rosa angemaltem Karton oder festem Papier aus und kleben diese am Karton fest. Nun werden mit einem Filzschreiber Augen, Mund und Nasenlöcher aufgemalt. Das Schwänzchen kann aus einer Kordel oder einem gefalteten dünnen Papierstreifen angefertigt und durch einen kleinen Schlitz an die Hinterseite des Kartons gesteckt und so befestigt werden.

Zeiten der Ruhe und Stille

Manchen Kindern fällt es schwer, von selbst zur Ruhe zu kommen. Möchten Sie Ihr Kind darin unterstützen und bewusst Entspannungsphasen im Alltag einbauen, können Sie Ihrem Kind verschiedene »beruhigende« Angebote machen. Machen Sie es sich mit Ihrem Kind gemütlich und lesen Sie ihm etwas vor, massieren Sie es oder setzen Sie folgende Entspannungsübungen ein.

Sonnendusche

Im Sitzen schließt Ihr Kind die Augen. Es lauscht der Stille und stellt sich vor, in der Sonne zu sitzen. Dabei »duscht« es den Körper in den Sonnenstrahlen: Sie set-

4. KAPITEL

zen Ihrem Kind die Fingerspitzen der rechten und linken Hand leicht auf den Kopf, öffnen sanft die Finger und ziehen sie langsam hinunter, berühren dabei leicht die Schultern und die Arme und lassen die Bewegung über die Unterarme an den Händen ausfließen.

Fantasiereise: Die weiße Feder

Ihr Kind liegt oder sitzt gemütlich, und Sie beginnen zu erzählen: Stell dir vor, du verwandelst dich in eine weiße, leichte Feder von einem kleinen Küken. Schließe deine Augen. Du wirst federleicht und wirst von einem warmen Sommerwind aus dem Fenster hinaus getragen. (Pause)

Immer höher und höher schwebst du mit dem Wind, und du musst gar nichts dabei tun. Du siehst grüne Wiesen mit vielen bunten Blumen, einen See mit kleinen Schiffchen, und sorglos ziehst du über herrliche Wälder hinweg. (Pause)

Am Waldrand kannst du aus der Ferne drei Rehe beobachten. Du bist zufrieden und voller Freude. Wunderschön ist es, die Welt von oben zu betrachten. (Pause)

Frei und leicht schwebst du jetzt wieder durch das Zimmerfenster zurück und verwandelst dich wieder zurück.

Förderung des Denkens und der Sprache

Das **Denken** bezeichnet Fähigkeiten, die uns helfen, Dinge in der Welt zu erklären und vorherzusagen. Wir finden Regeln hinter Erfahrungen und erkennen Zusammenhänge. Wie können Sie diese kognitiven Prozesse bei Ihrem Kind im Vorschulalter anregen?

Fordern Sie Ihr Kind zum Mitdenken auf, geben Sie ihm Zeit und Raum zum Beobachten, Entdecken, Forschen und Experimentieren. Ermuntern Sie es, Dinge in der Natur (z.B. Bäume im Frühling, Sommer, Herbst und Winter) und die Funktion von Alltagsgegenständen (wie funktioniert eine Schublade, eine Kaffeemaschine ...) zu erforschen.

Unterstützen Sie Ihr Kind beim Aufstellen und Überprüfen von Vermutungen über Zusammenhänge: Regen besteht aus Wasser, Schnee besteht aus Wasser. Wann regnet es und wann schneit es? Das ferngesteuerte Auto fährt nicht mehr. Ist ein Rad blockiert, irgendein Kontakt abgerissen oder einfach nur die Batterie leer?

Auf diese Weise kann Ihr Kind Strategien zur Problemlösung entwickeln. Weitere Ideen zum Entdecken, Forschen und Experimentieren:

4. KAPITEL

 Wasserspiele

Mit Hilfe einer mit Wasser gefüllten Wanne können Kinder wunderbar experimentieren (das ist auch in der Badewanne oder im Planschbecken möglich):

- Was passiert, wenn …? Stellen Sie Ihrem Kind verschiedene Gebrauchsgegenstände zum Experimentieren zur Verfügung: Filter, Siebe, Schneebesen, Trichter, Messbecher, Plastikbecher in verschiedenen Größen usw. Was passiert, wenn das Wasser durch das Sieb gegossen wird? Was passiert, wenn man einen großen Becher mit Wasser füllt und dieses dann in einen kleineren Becher gießt und umgekehrt?
- Welche Dinge schwimmen und welche nicht? (Strohhalm, Plastiktier, Holzklotz, Münze, Feder, Wattebausch). Inwiefern unterscheiden sich die schwimmenden Gegenstände von denen, die untergehen?

Ebenfalls spannend ist es, die verschiedenen Aggregatzustände von Wasser gemeinsam zu untersuchen:

- Eis herstellen: einen Becher mit Wasser im Winter nach draußen oder ins Kühlfach stellen.
- Wasserdampf erzeugen: auf dem Herd mit einem wassergefüllten Topf.

- Schnee in einem Gefäß schmelzen lassen.
- Die verschiedenen Aggregatzustände von Wasser in der Natur entdecken: Regen, Eis, Schnee, Hagel, Wasserdampf.

Um in der Schule das **Rechnen** zu erlernen, ist es wichtig, dass Kinder schon vorher mathematische Erfahrungen sammeln können, indem sie Figuren, Formen und Zahlen im Alltag begegnen und eine Vorstellung von Mengen entwickeln. Sie können Ihr Kind dabei durch spielerische Aktivitäten unterstützen, z. B. mit dem Kaufladenspiel. Ihr Kind kann dabei das Zählen lernen und verinnerlichen, dass hinter Zahlen Mengen stehen (z. B.:»Ich möchte drei Äpfel kaufen«), es bekommt ein Gefühl für Relationen, z. B. viel – wenig, groß – klein, und macht erste Erfahrungen im Umgang mit Geld.

Zahlenteller

Sie benötigen einige Pappteller und Spielsteine (z. B. Knöpfe). Beschriften Sie je einen Pappteller mit einer Ziffer von 0 bis 6. Bitten Sie Ihr Kind nun, auf jeden Teller die entsprechende Anzahl von Spielsteinen zu legen.

4. KAPITEL

 Geometrische Formen legen

Kinder können Dreiecke, Rechtecke und Quadrate mit Hilfe von Salzstangen herstellen. Mit Käsewürfeln werden die Ecken der geometrischen Figuren miteinander verbunden. Das Tolle daran: Die Formen können anschließend verspeist werden. Alternative: Anstelle von Salzstangen werden Trinkhalme und statt Käsewürfeln Knete verwendet.

 Musterhaft

Legen Sie mit Hilfe verschiedener Gegenstände einfache Muster (z. B. Stift-Bauklotz-Knopf, Stift-Bauklotz-Knopf). Lassen Sie Ihr Kind das Muster beschreiben. Dann legen Sie alle Gegenstände zur Seite und fordern Ihr Kind auf, das Muster nachzulegen. Anschließend können die Rollen gewechselt werden und Ihr Kind darf sich ein Muster für Sie ausdenken.

Kinder müssen die Fähigkeit entwickeln, Ordnungen herstellen und Dinge sortieren zu können. Sie üben das spielerisch, wenn sie:

- Spieltiere nach ihrer Größe oder bestimmten Eigenschaften sortieren.
- Perlen, Knöpfe, Murmeln, Steine nach ihrer Farbe, Form oder Größe sortieren.

Wenn Ihr Kind in die Schule kommt, sollte es die **Grundfarben erkennen**. Das kann im Alltag beim Benennen von Farben (Blumen, Kleidungsstücke), beim Malen und im Spiel (z. B.: »Ich sehe was, was du nicht siehst, und das ist gelb«) gelernt werden.

Damit der Mensch auf Erfahrungen und erworbenes Wissen zurückgreifen kann, muss er sich erinnern können. Kinder sind an vielen Dingen interessiert und vergrößern ihr Wissen über die Welt mit jedem Tag. Möchten Sie zusätzlich die **Merkfähigkeit** Ihres Kindes fördern, so ergeben sich im Alltag vielfältigste Möglichkeiten, die gleichzeitig auch die Selbstständigkeit und planvolles Handeln stärken.

Lassen Sie Ihr Kind mit überlegen, wenn es etwas vorhat: Was brauche ich, wenn ich in den Kindergarten gehe? Was nehme ich mit, wenn ich im Sandkasten spielen will? Vielleicht hat Ihr Kind schon den Mut, einkaufen zu gehen und merkt sich z. B., wie viele und welche Brötchen es kaufen soll. Es kann auch kleine Botengänge übernehmen und jemandem etwas ausrichten.

Vorlese-Quiz

Bereiten Sie fünf »Goldkugeln« (Kugeln aus Goldpapier) vor. Lesen Sie Ihrem Kind ein Märchen oder eine

4. KAPITEL

Geschichte vor und sprechen Sie mit ihm ab, dass es im Anschluss ein Frage-Quiz geben wird. Stellen Sie ihm dann fünf Fragen zu der Geschichte. Für jede richtig beantwortete Frage bekommt es eine Goldkugel.

Als Eltern können Sie Ihr Kind im **Sprachlernprozess** unterstützen, indem Sie ihm eine sprachanregende Umwelt bieten. Geben Sie Ihrem Kind Gelegenheiten zum Erzählen. Hören Sie ihm aufmerksam zu. Signalisieren Sie Ihrem Kind Ihre Aufmerksamkeit durch Blickkontakt und Zuwendung.

Möchte Ihr Kind Ihnen etwas erklären, findet aber nicht auf Anhieb die richtigen Worte, helfen Sie nicht gleich mit Formulierungen aus, sondern geben Sie ihm das Gefühl, dass Sie ein geduldiger Zuhörer sind und es sich Zeit lassen kann. Erst wenn es auch dann nicht weiterkommt, sind Formulierungshilfen sinnvoll.

Seien Sie »Sprachvorbild«. Erzählen Sie Ihrem Kind eigene Erlebnisse, Ihre Ideen und reden Sie über Ihre Gefühle. Versuchen Sie klar und deutlich und auf dem Verständnisniveau Ihres Kindes zu sprechen. Weitere Möglichkeiten der Sprachförderung:

Geschichten erzählen

- Endlosgeschichten: Erzählen Sie Ihrem Kind eine Endlosgeschichte mehrmals hintereinander. Es wird wahrscheinlich unaufgefordert nach einigen Malen mitsprechen: »Die sieben Söhne.« Es war einmal ein Mann, der hatte sieben Söhne. Und die sieben Söhne sprachen: Vater, erzähl uns doch eine Geschichte. Da fing der Vater an: Es war einmal ein Mann, der hatte sieben Söhne … Vielleicht hat Ihr Kind Freude daran, sich eine eigene kurze Endlosgeschichte auszudenken.
- Geschichten mit offenem Ende: Nehmen Sie eine Geschichte aus dem Buch oder erfinden Sie den Anfang einer Geschichte. Ihr Kind kann versuchen, die Geschichte weiterzuerzählen.
- Bildgeschichten: Suchen Sie aus einer Zeitschrift oder einem Kinderbuch ein interessantes Bild. Lassen Sie Ihr Kind beschreiben, was es auf dem Bild sieht. Dann soll es eine Geschichte dazu erzählen. »Was, meinst du, hat der kleine Hund erlebt, bevor er sich müde an seine Mutter kuschelte?«

4. KAPITEL

 Wortspiele

- Reime auf Namen finden: »Der Klaus ist nicht zuhaus!«
- Wortketten gemeinsam erfinden: Sie bilden Wortketten, indem Sie Sätze konstruieren, deren Wörter alle mit dem gleichen Buchstaben oder Laut beginnen, z. B.: »Wurm Willi will wieder witzige Wörter wissen.«

 Geschichten machen Theater

Ihr Kind soll ein kleines Theaterstück aufführen. Es kann eine Geschichte erfinden oder einfach eine bekannte Geschichte nachspielen, dabei selbst Akteur sein oder auch Figuren spielen lassen, z. B. Kasperle-Figuren, Puppen oder Stofftiere. Auch Küchengeräte eignen sich: »Es war einmal ein Holzkochlöffel, der war sehr gut befreundet mit einer Gabel. Eines Tages beschlossen die beiden, ihre Küche zu verlassen und in die Welt zu ziehen. In dem ersten Restaurant, das sie auf ihrem Weg besichtigten, begegneten sie …«

In der Sprache steckt Bewegung und Rhythmus. Kinder lieben es, Sprache und Bewegung miteinander zu verbinden. Wir geben Ihnen im Folgenden einige Anregungen, wie Sie Sprache, Rhythmus und Bewegung miteinander verbinden und somit die Sprachentwicklung Ihres Kindes spielerisch fördern können:

- Zaubergedicht: Während »der Zauberer« das Gedicht vorspricht, verwandeln sich die Kinder in das jeweilige Tier und bewegen sich wie dieses: »Hokus pokus Patzen, ihr seid jetzt meine Katzen. Leise schleichen Katzen auf ihren weichen Tatzen. Psst, ganz leise, leise, ganz nach Katzenweise.« (Weitere Strophen können Sie nachlesen in: »Worte haben bunte Flügel«, siehe Literaturverzeichnis.)
- Auszählreime, z. B.: »E-ne, me-ne, mis-te, es rappelt in der Kis-te, e-ne, me-ne mek und du bist weg.«
- Malreime: Sprechen Sie mehrmals einen Reim und zeichnen Sie gleichzeitig dazu. Ermutigen Sie Ihr Kind, auf einem großen Blatt Papier mitzumachen, z. B.: »Der Mond ist rund, der Mond ist rund, er hat zwei Augen, Nas' und Mund.«

Sollte Ihr Kind Buchstaben verwechseln, undeutlich sprechen oder grammatikalische Fehler machen, so korrigieren Sie es am besten, indem Sie das richtige Wort eher beiläufig in Ihre Antwort einfließen lassen. Ständiges, explizites Korrigieren kann dazu führen, dass Ihr Kind unsicher wird und das Erzählen meidet.

4. KAPITEL

Der erste Schritt beim **Schreiben lernen** besteht darin, dass die Kinder aufgefordert werden, lautgetreu zu schreiben. Dafür müssen sie in der Lage sein, Laute herauszuhören. Die differenzierte Lauterkennung Ihres Kindes können Sie spielerisch fördern:

Lautspiele

- Die Kinder werden aufgefordert, Wörter zu finden, die mit dem gleichen Laut beginnen, wie ihr Vorname, z. B. Anna: Affe, Ananas …
- Wer findet Gegenstände, die mit »A« anfangen?« Die Kinder sollen Gegenstände im Raum, in einem Bilderbuch oder draußen im Garten suchen, die mit einem bestimmten Laut beginnen.

Förderung des Arbeitsverhaltens

Motivation und Konzentration hängen eng miteinander zusammen. Sie beeinflussen das Arbeitsverhalten in hohem Maße und sind somit wichtige Bausteine für den Schulerfolg. Eltern machen sich beim Schuleintritt ihres Kindes häufig Sorgen darüber, ob ihr Kind dem Unterricht interessiert und konzentriert folgen kann und genügend Motivation und Ausdauer in der Schule und bei den Hausaufgaben zeigen wird.

Motivation entsteht nicht von heute auf morgen. Im Spiel werden von klein auf Grundlagen für die spätere Motivation des Kindes in der Schule gelegt.

Wir haben für Sie Hinweise zur Förderung der Motivation, Konzentration und des Arbeitsverhaltens zusammengestellt:

- Schenken Sie Ihrem Kind Aufmerksamkeit und Anerkennung, wenn es Dinge erforscht und sich lang anhaltend mit einer Sache beschäftigt. So entwickelt es Durchhaltevermögen und Konzentrationsfähigkeit.
- Loben Sie Ihr Kind, wenn es Anstrengungen auf sich nimmt, um ein Ziel zu erreichen.
- Fördern Sie die Selbstständigkeit Ihres Kindes. Eigenständiges Handeln und selbst gefundene Lösungen steigern Selbstbewusstsein, Anstrengungsbereitschaft und Motivation.
- Unterstützen Sie Ihr Kind darin, Aufgaben sorgfältig zu erledigen, fördern Sie genaues Hinschauen und Hinhören.
- Achten Sie darauf, dass Ihr Kind Dinge, mit denen es sich beschäftigt, zu Ende bringt, bevor es mit etwas Neuem beginnt.
- Sie können Ihr Kind in planvollem Handeln fördern, wenn Sie ihm vorleben, dass zu einem guten Gelingen eines Vorhabens gewisse Vorbereitungen, Vorüberlegungen und häufig auch ein

strukturiertes Vorgehen nötig ist (z.B. beim Basteln, Kochen, Handwerken).

 Blätterdetektiv

Suchen Sie mit Ihrem Kind fünf Sorten Blätter von unterschiedlichen Bäumen und Sträuchern. Ihr Kind soll die Blätter zu Hause genau betrachten. Gemeinsam finden Sie die Unterschiede heraus: Größe, Form, Farbe, Blattrand, Adern. Auch mit der Lupe kann Ihr Kind die Blätter genau untersuchen.

Anschließend suchen Sie ein bestimmtes Blatt aus, ohne dass Ihr Kind es sieht. Durch gezielte Fragen soll Ihr Kind herausfinden, um welches Blatt es sich handelt. Zur Belohnung gibt es eine Wildfrucht (Eichel, Kastanie).

 Ich höre gut zu

Dieses »Zuhörspiel« macht mehr Spaß, wenn es mit anderen Kindern zusammen gespielt wird: Ein Kind sucht sich ein anderes aus und gibt ihm mehrere Aufträge: »Tom, setz dich auf den Boden, hebe beide Arme in die Luft, streck dich, steh wieder auf und komm dann zu mir.« Tom muss aufmerksam zuhören und dann versuchen, den ganzen Auftrag zu erfüllen. Schafft er es, ohne nachzufragen?

Postkarten-Puzzle

Besorgen Sie drei bis vier Postkarten mit kindlichen, gut erkennbaren Motiven. Teilen Sie jede Karte auf der Rückseite durch Bleistiftlinien in sechs bis acht ähnlich große Felder. Zeigen Sie Ihrem Kind die Motive auf den Postkarten und lassen Sie es beschreiben, was es darauf sieht. Anschließend fordern Sie es auf, die Postkarten entlang der gezeichneten Linien in Teile zu zerschneiden.

Alle Postkartenteile werden gemischt und in einen Korb gelegt. Ihr Kind zieht nun ein Puzzleteil nach dem anderen und versucht, die einzelnen Postkarten wieder zusammenzusetzen.

Gefühle und Miteinander

Ihr Kind muss zur Einschulung **emotional stabil** sein, um sich allem Neuen in der Schule stellen zu können. Kinder, die Vertrauen in sich und ihre Fähigkeiten haben, gelingt dies leichter.

Wenn Sie Ihrem Kind das Gefühl geben, mit all seinen Stärken und Schwächen angenommen zu werden, wird es sich selbst auch bejahen. Kann Ihr Kind bis zur Einschulung vielfältige Erfahrungen sammeln, bei denen es sich aktiv und erfolgreich erlebt, wird es Vertrauen in sich und seine Fähigkeiten aufbauen. Ihr Interesse, Ihre Anerkennung und Ihr Lob spielen in diesem Prozess eine wesentliche Rolle.

Um sorglos zur Schule zu gehen, muss sich Ihr Kind von Ihnen trennen können. Dafür muss es spüren, dass Sie es »loslassen«. Das Signal, dass die Trennung für Sie normal und richtig ist, hilft Ihrem Kind. Wenn es Angst und Sorge bei Ihnen oder einer anderen wichtigen Bezugsperson spürt, wird es selbst ängstlicher auf die Trennung reagieren. Vermitteln Sie Ihrem Kind, dass Sie ihm zutrauen, mit allem Neuen umzugehen.

Im Alltag finden sich gute Möglichkeiten, Trennungen zu üben und »alltäglich« werden zu lassen. Äußert Ihr Kind etwa den Wunsch, bei Verwandten oder bei Freunden zu übernachten, fürchtet sich aber davor, Heimweh zu bekommen, ermutigen Sie es in seinem Wunsch und schlagen Sie ihm vor, einen »Heimwehkoffer« zu packen:

Heimwehkoffer packen

In den Heimwehkoffer kommen Dinge, an denen Ihr Kind sehr hängt, die ihm Vertrautheit und Geborgenheit signalisieren: die Lieblingspuppe, das Lieblingskuscheltier, die Schmusedecke oder das Kuschelkissen. Vielleicht hat Ihr Kind auch ein Bilderbuch, das es gerne abends vor dem Einschlafen anschaut, oder eine Hörspielkassette mit Einschlafliedern, die es liebt? Auch der besonders gemütliche Lieblingsschlafanzug kann helfen. Und für einen Glücksstein oder eine Zaubermurmel ist immer noch Platz im Heimwehkoffer.

Damit Kinder in der Lage sind, sich in der Gemeinschaft sozial angemessen zu verhalten, müssen sie lernen, Gefühle bei sich und anderen wahrzunehmen und deuten zu können.

Gefühle wahrnehmen und erkennen

- Gefühle spielen: Lassen Sie Ihr Kind vor dem Spiegel verschiedene Gefühle darstellen. Wie schaue ich z. B., wenn ich traurig bin? Wie halte ich meinen Kopf und meine Arme? Wie stehe oder sitze ich? Wie rede ich?
- Gefühle raten: Abwechselnd ahmen Sie oder Ihr Kind bestimmte Gefühlszustände nach. Der andere muss jeweils erraten, welches Gefühl gemeint ist.
- Gefühle suchen: Blättern Sie mit Ihrem Kind Zeitungen, Zeitschriften und Bilderbücher durch und suchen Sie nach abgebildeten Menschen oder Lebewesen, deren Gefühlszustand zu ahnen

4. KAPITEL

oder zu erkennen ist. Stellen Sie Fragen, z. B.: »Wie schaut der Junge dort? Wie fühlt er sich? Was, meinst du, hat er gerade erlebt?«

Im Buchhandel werden auch spezielle Bücher und Bilderbücher angeboten, die sich mit der Gefühlswelt von Kindern beschäftigen und die Ausdifferenzierung der Gefühlswahrnehmung fördern.

Der nächste Entwicklungsschritt besteht darin, dass Kinder lernen, ihre Gefühle zu benennen. In der Erziehung unterstützen Sie diesen Prozess, indem Sie von Ihren eigenen Gefühlen sprechen, auf Gefühle anderer aufmerksam machen und Ihr Kind fragen, wie es ihm geht. Wenn es Ihrem Kind noch schwer fällt, Gefühle zu benennen, bieten Sie ihm Formulierungen für Gefühlszustände an. Fragen Sie, wenn es sein Spielzeug in die Ecke wirft, ob es wütend oder zornig ist, oder stellen Sie fest: »Ich sehe, du bist sehr zornig.« Sprechen Sie mit Ihrem Kind über seine Gefühle und über die Gefühle anderer.

Sie können in **Rollenspielen** auch Puppen oder Tiere mit einem Gefühlsleben ausstatten und Gefühle ansprechen.

Die Lieblingspuppe kann von ihren Gefühlen erzählen, z. B. dass sie traurig ist, weil sie heute geärgert wurde oder nicht mit auf einen Ausflug durfte. Die Puppe kann auch nach den Gefühlen des Kindes fragen. »Kann es sein, dass du vorhin wütend warst? Ich habe dich gehört. Warst du richtig wütend oder warst du nur ein bisschen ärgerlich? Was war denn los?«

Solche Rollenspiele eignen sich, um gefühl-volle Begebenheiten aus dem Alltag zu besprechen, über Gefühle nachzudenken und sie sprachlich zum Ausdruck zu bringen.

Im Laufe ihrer Entwicklung lernen Kinder, dass sie ihren Gefühlen nicht immer freien Lauf lassen dürfen. In der Schule wird es nicht mehr ohne Weiteres akzeptiert, wenn sich Kinder z. B. vor Wut auf den Boden werfen. Kinder sollen lernen, dass es keine »falschen« Gefühle gibt, jedes Gefühl hat seine Berechtigung. Wichtig ist aber, Gefühle auf eine sozial verträgliche Art und Weise auszudrücken.

Sind Kinder in der Lage, ihre eigenen Gefühle wahrzunehmen und gelingt ihnen ein angemessener Umgang mit diesen, werden sie in einem weiteren Schritt Mitgefühl und Einfühlungsvermögen anderen Menschen gegenüber entwickeln.

In der Schule wird von den Kindern außerdem erwartet, dass sie ihre eigenen Bedürfnisse für eine Weile

4. KAPITEL

aufschieben können. Sie dürfen nicht einfach dazwischen rufen, sie sollen sich melden und warten, bis sie aufgerufen werden.

Im Alltag ergeben sich viele Situationen, in denen Kinder lernen können, ihre Wünsche für eine gewisse Zeit zurückzustellen. Wenn Ihr Kind beispielsweise in einem Geschäft Wünsche äußert, was es gern hätte, sagen Sie ohne schlechtes Gewissen ruhig häufiger »nein«. Wenn Ihr Kind äußert, dass es Hunger oder Durst hat und das ist gerade aus irgendeinem Grund ungelegen, so scheuen Sie sich nicht, Ihr Kind eine kurze Zeit zu vertrösten. In der Schule muss es mit dem Essen auch bis zur nächsten Pause warten können.

Wenn es Ihnen schwer fällt, Ihrem Kind einen Wunsch abzuschlagen oder konsequent etwas einzufordern, versuchen Sie daran zu denken: Es ist eine gute Übung!

Ihr Kind wird sich gut in die Klassengemeinschaft integrieren, wenn es in der Lage ist, **Kontakte zu anderen Kindern zu knüpfen** und Beziehungen aufzubauen. Manche Kinder sind offen und haben kein Problem, auf andere zuzugehen. Andere sind eher schüchtern und abwartend. Kinder sind wie wir Erwachsenen ganz unterschiedlich in ihrem Kontaktverhalten.

Wenn Ihr Kind häufig mit anderen Kindern zusammenkommt, ab und zu auch mit Kindern, die ihm nicht vertraut sind, kann es üben, Kontakte zu knüpfen und auszubauen. Unterstützen Sie Ihr Kind darin, solche Situationen nicht zu vermeiden, sondern an ihnen zu wachsen.

Für das Zusammenleben und -arbeiten in der Schule sind **Regeln** und Vereinbarungen notwendig. Es wird von Ihrem Kind erwartet, dass es sich an die Regeln hält und sich den gegebenen Strukturen anpasst.

Ihrem Kind wird dies besser gelingen, wenn es vom Kindergarten und von zu Hause Regeln gewohnt ist. Allerdings muss darauf geachtet werden, dass die aufgestellten Regeln auch eingehalten werden und wiederholte Regelverstöße Konsequenzen nach sich ziehen. Bedenken Sie dabei, dass Strukturen und Regeln nicht nur dafür da sind, Kindern Grenzen aufzuzeigen. Sie geben Kindern auch Orientierung und Halt im Leben.

Schulkinder sollten auch lernen, sich bei Konflikten mit anderen Kindern zu behaupten und gegebenenfalls durchsetzen zu können. Ein gesundes Selbstbewusstsein ist eine gute Voraussetzung dafür. Die **Fähigkeit, sich durchzusetzen**, können Kinder nur in Auseinandersetzungen mit anderen lernen.

4. KAPITEL

Wenn Sie das Durchsetzungsvermögen Ihres Kindes stärken wollen, vermitteln Sie ihm das Gefühl, dass Sie ihm auch in Konfliktsituationen zuhören, es ausreden lassen und seine Meinung ernst nehmen. Geben Sie vor Ihrem Kind ruhig zu, wenn Sie einmal im Unrecht waren. Sie ermutigen Ihr Kind dadurch, seine Meinung zu vertreten und Konflikte auszutragen.

Lassen Sie Ihr Kind selbst **Lösungsvorschläge für Konfliktsituationen** finden oder suchen Sie gemeinsam mit ihm nach Kompromissen. Ihr Kind ist nun in einem Alter, in dem es lernen kann, Konflikte mit anderen Kindern selbst beizulegen, in einigen Situationen ist es jedoch noch auf Hilfe angewiesen.

Sie können Ihrem Kind Regeln vermitteln, die ihm helfen, Streitigkeiten mit anderen Kindern beizulegen. Immer wieder ergeben sich in der Familie oder mit anderen kleine oder große Konflikte, die Sie hierfür aufgreifen können.

Konfliktregeln
- Ich versuche, Streitigkeiten mit Worten zu lösen.
- Ich höre dem anderen zu, wenn er mir seine Sicht schildert.
- Ich versuche, mich in ihn hineinzuversetzen und ihn zu verstehen.

- Ich entschuldige mich, wenn ich jemandem wehgetan oder etwas kaputt gemacht habe.
- Ich muss auch nachgeben können.
- Ich sage entschlossen »nein«, wenn ich etwas ganz bestimmt nicht möchte.

Ihr Kind wird diese Konfliktregeln verinnerlichen und versuchen, sie umzusetzen, wenn Sie ihm dieses Konfliktverhalten vorleben.

Alles verzankt

Die Geschichte vom kleinen Raben, der vom Schaf mit allen Freunden eingeladen wird und dann beleidigt abzieht, ist gut geeignet, um über Konflikte unter Freunden und deren Lösungsmöglichkeiten zu sprechen. (Moost/Rudolph: Alles verzankt!, siehe Literaturverzeichnis).

Besprechen Sie die Geschichte mit Ihrem Kind anhand folgender Fragen: »Was erwartet der kleine Rabe von seinem Besuch beim Schaf? Was erwarten die anderen? Wie versuchen sie gemeinsam, den Konflikt zu lösen? Was tut der kleine Rabe? Wodurch haben sich am Schluss alle wieder vertragen? Wie geht es dir, wenn du unbedingt etwas spielen willst, deine Freundin oder dein Freund aber etwas anderes? Wie einigt ihr euch, wenn ihr zusammen spielen wollt (Absprachen, abwechseln, würfeln)? Sich vertragen, was bedeutet das? Wie kann man sich wieder vertragen?« Freundschaft bedeutet: Wir halten auch einen Streit aus.

Fazit: Ihr Kind wird gute Grundvoraussetzungen für den Schulbeginn mitbringen, wenn Sie ihm eine anregende Umwelt bieten, in der sich die Sinne, das Denken und die Sprache entwickeln können und viel Raum für Bewegungserfahrungen geboten wird. Es geht hier nicht um das Trainieren oder Trimmen von Fertigkeiten, sondern darum, im gemeinsamen Spiel Fähigkeiten zu fördern und Neugierde, Freude und Selbstvertrauen in Ihrem Kind wachsen zu lassen.

Bei allen Anregungen ist es auch wichtig, dass Ihr Kind Momente der Ruhe und Stille erfährt, damit es sich entspannen, alle gewonnenen Eindrücke verarbeiten und kreative Ideen entwickeln kann.

5. KAPITEL

Der erste Schultag

Morgen ist der erste Schultag, und das ist schon etwas Besonderes. Damit die Aufregung nicht zu groß wird, möchten wir den Tag mit Ihnen in Gedanken einmal durchgehen.

5. KAPITEL

Jonas hat den Ranzen auf dem Rücken und seine Schultüte im Arm. Mit seinen Eltern stiefelt er zur Schule und ist sehr gespannt, was jetzt passieren wird. Ein bisschen aufgeregt ist er schon, aber er ist auch sehr stolz und freut sich auf die vielen neuen Dinge, die er heute kennen lernen wird. Neben wem er wohl sitzen darf? Und ob die Klassenlehrerin nett ist?

Der erste Schultag ist für die meisten Kinder sehr aufregend. Viele Dinge haben sie sicherlich vorher von ihren Eltern erklärt bekommen, andere sind noch unbekannt und spannend. Alle Beteiligten sind darum bemüht, dass der erste Schultag gut gelingt und einen positiven Start für die Schullaufbahn darstellt. Die eine oder andere Anregung dafür werden Sie in diesem Kapitel finden.

Kinder werden in ihrem Bild von der Welt maßgeblich von ihrem Umfeld und ihren Eltern geprägt. Die Ängste und Erfahrungen der Eltern können deshalb eine große Rolle dabei spielen, was die Kinder von der Schule erwarten. Ein wichtiger Schritt ist deshalb, dass die Eltern sich ihrer Ängste und Vorbehalte bewusst werden. Dazu können Sie sich an folgenden Fragen orientieren:

PRAXISTEST FÜR ELTERN

- Welche schönen und welche unangenehmen Erinnerungen verbinden Sie mit Schule?
- Gab es Situationen und Dinge in der Schule, vor denen Sie Angst hatten?
- In welchen Momenten wären Sie lieber irgendwo anders als in der Schule gewesen?
- Haben Sie noch Äußerungen Ihrer Lehrer im Ohr (»Müllers Kinder sind …«)?
- Konnten Sie den Erwartungen Ihrer Eltern gerecht werden?
- Welche Hoffnungen und Befürchtungen haben Sie für Ihr Kind in der Schule?
- Wann wären Sie mit den schulischen Leistungen Ihres Kindes zufrieden?

Vor dem ersten Schultag entwickeln Kinder ein Bild von Schule, das sie aus den unterschiedlichsten Bausteinen zusammensetzen. Die wichtigste Informations- und Orientierungsquelle sind die Eltern oder Geschwister, aber auch Freunde und die Medien spielen eine Rolle. Durch ihre eigene Haltung bestimmen die Eltern entscheidend mit, welches Bild ihr Kind von Schule entwickelt und wie es auf die Schule zugehen wird.

5. KAPITEL

Kinder spüren sehr genau, ob ihre Eltern Vertrauen in sie haben und ihnen den Start in die Schule zutrauen. Vielleicht hatten Sie selbst Schwierigkeiten mit dem Rechnen, Angst vor Klassenarbeiten oder davor, etwas Falsches zu sagen. Es kann sein, dass Sie diese Sorgen und Ängste durch Ihre Haltung auf Ihr Kind übertragen, Ihr Kind sich dadurch selbst weniger zutraut und ängstlich an Aufgaben herangeht. Rechnen kann so zum Problem werden, obwohl dazu eigentlich kein Grund besteht.

Eigene Schwierigkeiten in der Schule besagen noch lange nicht, dass es Ihrem Kind ähnlich ergehen wird. Deshalb ist es wichtig, in Kindern die Neugierde und Freude auf die Schule zu wecken. Wenn die Sorgen der Eltern trotzdem bei den Kindern ankommen, ist es sinnvoll, darauf hinzuweisen, dass Schule heute anders aussieht und Schwierigkeiten bewältigt werden können.

Eltern sollten sich ihrer Sorgen, Wünsche und Erwartungen bewusst sein, egal, ob diese positiv oder negativ sind. Vertrauen Sie Ihrem Kind – es wird seinen ganz persönlichen Weg durch die Schulzeit finden, der sich jetzt noch nicht vorhersehen lässt. Deshalb ist es gut, wenn Sie sich immer wieder fragen, was Ihr Kind im Moment gerade braucht, sei es Unterstützung, Trost oder auch Konsequenz und Struktur.

Wenn Sie sich in Ihr Kind hineinversetzen, vermeiden Sie es, Ihre eigenen Erwartungen zu sehr in den Vordergrund zu stellen. Auf diese Weise wird es Ihnen sicher gelingen, Ihr Kind weder zu über- noch zu unterfordern, und es wird seine Freude an der Schule und am Lernen hoffentlich lange bewahren.

Neben der eigenen Haltung der Schule gegenüber ist es natürlich auch wichtig zu wissen, wie der Start in die Schule vorbereitet werden kann. Im Folgenden finden Sie einen kleinen Leitfaden dazu, welche Schritte vor dem ersten Schultag sinnvoll sein können, damit der Schulstart auch gut gelingt.

5. KAPITEL

KLEINER LEITFADEN FÜR DIE EINSCHULUNG

- Nutzen Sie die Informationsangebote von Kindergarten und Schule und suchen Sie Kontakt zu Erzieherinnen und Lehrerinnen.

- Stellen Sie die Fragen, die Sie bewegen – es gibt keine dummen Fragen!

- Beteiligen Sie Ihr Kind ruhig an den Einschulungsüberlegungen. Wichtig ist aber, dass Sie entscheiden und nicht Ihr Kind.

- Schüren Sie Spannung und Vorfreude Ihres Kindes nicht, solange die Entscheidung für eine Einschulung noch nicht gefallen ist.

- Vermitteln Sie kein falsches Bild von Schule – weder Drohen noch Hochjubeln ist hilfreich. Der Schulbesuch sollte freudig erwartet, aber selbstverständlich sein.

- Sprechen Sie nicht pauschal vom »Ernst des Lebens«. Kinder malen sich darunter alles Mögliche aus.

- Achten Sie auf den Informationsbedarf Ihres Kindes. Manchmal sind für Kinder Dinge interessant und wichtig, die Erwachsene gar nicht sehen.

- Statten Sie Ihr Kind nicht vorzeitig komplett mit Material aus – meist findet vor den Sommerferien ein Informationsabend hierüber statt.

Der Schulweg

Der Leitfaden beinhaltet einige wichtige Punkte, die zum Schulbeginn nützlich sind. Darüber hinaus wird sich Ihr Kind je nach Lage der Grundschule sicherlich freuen, wenn es von Ihnen noch eine Zeitlang zur Schule gebracht und wieder abgeholt wird. Dabei kann der Schulweg geübt und das richtige Verhalten an riskanteren Punkten erprobt werden. Sie sollten Ihrem Kind dabei keine übermäßige Ängstlichkeit vermitteln. Nach einer gewissen Zeit ist es vielleicht möglich, dass Ihr Kind gemeinsam mit Klassenkameraden oder auch alleine den Weg zur Schule und wieder nach Hause meistert.

Die Ausstattung

Zu Hause benötigt ein Schulkind nun einen ungestörten Platz, an dem es in Ruhe seine Hausaufgaben erledigen kann. Die dafür notwendigen Möbel sollten der Größe Ihres Kindes angepasst werden können. Manchmal ist es hilfreich, wenn nicht zu viele Ablenkungsmöglichkeiten gegeben sind.

Genau wie die Möbel sollte auch der Schulranzen an die körperlichen Voraussetzungen Ihres Kindes angepasst sein. Nehmen Sie Ihr Kind immer zum Aussuchen und Anprobieren mit. Zum einen sollte Ihrem

5. KAPITEL

Kind der Ranzen gefallen, zum anderen sollte er gut auf dem Rücken sitzen und nicht zu schwer sein. Ein kleiner Tipp: Wenn Sie Ihr Kind von Anfang an daran gewöhnen, den Ranzen am Abend zu packen, ist dies später umso selbstverständlicher.

DER ERSTE SCHULTAG IST DA

Nun ist der große Tag endlich gekommen, und vielleicht haben Sie die Großeltern und Paten eingeladen. Das wichtigste Utensil an diesem Tag ist für Ihr Kind sicherlich die Schultüte. Kinder freuen sich, wenn die Eltern sie selbst gebastelt haben und sich darin eine gute Mischung aus Nützlichem und Süßem findet.

Der erste Schultag ist etwas Feierliches und Besonderes. Wenn Sie fotografieren möchten, tun Sie dies ruhig – Ihr Kind wird später bestimmt Freude daran haben, sich das Ereignis noch einmal vor Augen führen zu können. Ansonsten müssen Sie nichts anderes tun, als Ihr Kind durch den Vormittag zu begleiten und es dann in die Obhut der Lehrerin zu entlassen.

Versuchen Sie, Ihrem Kind eine positive Grundstimmung mitzugeben. Wenn Ihr Kind Fragen stellt, sollten Sie diese ernst nehmen und beantworten, auch wenn sie Ihnen noch so banal erscheinen mögen. Wahrscheinlich wird Ihr Kind sich dann bald mehr für die anderen Kinder, die vielen Dinge, die passieren und für die neue Umgebung interessieren.

Trotz allem Feiern sollten Sie Ihrem Kind etwas Ruhe gönnen, wenn das große Ereignis vorbei ist, damit es die vielen Eindrücke vom Vormittag auch verarbeiten kann. Vielleicht möchte sich Ihr Kind einfach nur mit den Sachen aus der Schultüte beschäftigen oder sonst etwas tun, was ihm Spaß macht. Das ist völlig in Ordnung und für Sie als Eltern ebenfalls eine gute Gelegenheit, sich nach der Aufregung eine Pause zu verschaffen.

Fazit: Der erste Schultag sollte ein freudiges Ereignis für Sie und Ihr Kind werden. Mit ein bisschen Vorbereitung wird dies bestimmt gelingen. Vielleicht ist es nicht so leicht, sich vom Bild des Kindergartenkindes zu verabschieden, aber von nun an dürfen Sie stolz auf Ihr Schulkind sein!

ANHANG

Literatur

Ayres, J. A. (1992). Bausteine der kindlichen Entwicklung (2. Aufl.). Berlin: Springer Verlag.

Barth, K. (1995). Schulfähig? Beurteilungskriterien für die Erzieherin. Freiburg: Verlag Herder.

Barth, K. (2000). Die diagnostischen Einschätzskalen (DES) zur Beurteilung des Entwicklungsstandes und der Schulfähigkeit. München: Ernst Reinhardt Verlag.

Biermann, I. (1999). Spiele zur Wahrnehmungsförderung (3. Aufl.). Freiburg: Verlag Herder.

Bundesministerium für Familie, Senioren, Frauen und Jugend (2005). 12. Kinder- und Jugendbericht. Bericht über die Lebenssituation junger Menschen und die Leistungen der Kinder- und Jugendhilfe in Deutschland. Berlin: BMFSFJ.

Ferrari, R. (1998). Wörter haben bunte Flügel. Freiburg: Christopherus Verlag.

Griebel, W. & Niesel, R. (2004). Transitionen. Fähigkeit von Kindern in Tageseinrichtungen fördern, Veränderungen erfolgreich zu bewältigen. Weinheim: Beltz Verlag.

Hacker, H. (1998). Vom Kindergarten zur Grundschule (2. Aufl.). Studientexte zur Grundschulpädagogik und Didaktik. Bad Heilbrunn/Obb.: Klinkhardt.

Kiphard, E. (2002). Wie weit ist ein Kind entwickelt? Eine Anleitung zur Entwicklungsüberprüfung. Dortmund: Verlag Modernes Lernen.

Merthan, B.(2002). Ganz bei der Sache. Spielideen zur Konzentrationsförderung. Freiburg: Verlag Herder.

Meier, Chr. & Richle, J. (2000). Sinn-voll und alltäglich, (6. Aufl.). Dortmund: Verlag Modernes Lernen.

Ministerium für Kultus, Jugend und Sport Baden-Württemberg (2006). Orientierungsplan für die Bildung und Erziehung für die baden-württembergischen Kindergärten, Pilotphase. Weinheim: Beltz Verlag.

Moost, N. & Rudolph, A. (2003). Alles verzankt! Esslingen: Esslinger Verlag.

Naegele, I. M., Portmann, R. & Kalb, P. E. (Hrsg.) (1993). Schulanfang. Hilfen für Elternhaus, Kindergarten und Schule. Weinheim: Beltz Verlag.

Oerter, R. & Montada, L. (2002). Entwicklungspsychologie. Weinheim: Psychologie Verlags Union.

Weigert, H. & Weigert, E. (1992). Schuleingangsphase. Hilfen für eine kindgerechte Einschulung (3. Aufl.). Weinheim: Beltz Verlag.

Zimmer, R. (1995). Handbuch der Sinneswahrnehmung. Grundlagen einer ganzheitlichen Erziehung. Freiburg: Verlag Herder.

ANHANG

Adressen

Unterstützung und Beratung zu Fragen der Schulfähigkeit finden Sie bei folgenden Berufsgruppen und Institutionen:

- Schulpsychologische Beratungsstellen (Adressen unter: www. schulpsychologie.de)

- Kinderärzte

- Regionalen Arbeitsstellen »Kooperation« bei den Ämtern für Schule und Bildung an den Landratsämtern und Stadtkreisen.

Zur Abklärung eines vorschulischen Förderbedarfs:
- Arbeitsstellen »Frühförderung« bei den Ämtern für Schule und Bildung an den Landratsämtern und Stadtkreisen
- Interdisziplinäre Frühförderstellen
- Frühförderstellen an den sonderpädagogischen Einrichtungen
- Gesundheitsämter, Kinder- und Jugendärztlicher Dienst

Fit für die Schule

Klaus Utz
So wird mein Kind selbstsicher
Mit Praxistest
Band 5711
„Du schaffst das!" – Alles, was Eltern wissen müssen, damit ihr Kind Selbstvertrauen und Selbstsicherheit entwickelt. Informationen, Tests und praktische Tipps.

Uta Reimann-Höhn
So lernt mein Kind sich konzentrieren
Mit Praxistest
Band 5720
Konzentration ist die Grundlage für alles, was ein Kind lernt. Informationen und praktische Tipps zur Konzentrationsförderung und Entspannung sowie für den sinnvollen und kontrollierten Medienkonsum.

Frauke Meinders-Lücking / Susanne Loy
Wie schulfähig ist mein Kind?
Mit Praxistest
Band 5721
„Schulfähig" – was heißt das? Ein genauer Blick auf die Schulvoraussetzungen und Hilfestellungen, um die individuellen Fähigkeiten des eigenen Kindes einzuschätzen, helfen Eltern, die richtige Entscheidung zu treffen.

HERDER spektrum